BUDISMO
NA MESA DO BAR

Universo dos Livros Editora Ltda.
Rua do Bosque, 1589 - Bloco 2 - Conj. 603/606
Barra Funda - São Paulo/SP - CEP 01136-001
Telefone/Fax: (11) 3392-3336
www.universodoslivros.com.br
e-mail: editor@universodoslivros.com.br
Siga-nos no Twitter: @univdoslivros

Lodro Rinzler

BUDISMO NA MESA DO BAR

São Paulo
2014

UNIVERSO DOS LIVROS

Diretor editorial
Luis Matos

Editora-chefe
Marcia Batista

Assistentes editoriais
Cássio Yamamura
Nathália Fernandes
Raíça Augusto
Raquel Nakasone

Tradução
Amanda Moura

Preparação
Melina Marin

Revisão
Ana Luiza Candido

Arte
Francine C. Silva
Valdinei Gomes

Capa
Zuleika Iamashita

Dados Internacionais de Catalogação na Publicação (CIP)
(Câmara Brasileira do Livro, SP, Brasil)

R584b Rinzler, Lodro.
Budismo na mesa do bar / Lodro Rinzler ; tradução de Amanda Moura. – São Paulo: Universo dos Livros, 2012.
272 p.

Tradução de: The Buddha walks into a bar

ISBN 978-85-7930-347-0

1. Autoajuda. 2. Religião. 3. Budismo. I. Título.

CDD 294.3444

Ao mestre Sakyong.

Sumário

Agradecimentos

Obrigado. Quero dizer que o fato de você estar lendo este livro é algo muito importante para mim. Meus pais, Beth e Carl Rinzler, são pessoas maravilhosas, e devo a eles muito mais do que poderia descrever em palavras e definitivamente muito mais do que poderia escrever nos agradecimentos de um livro. Victoria Gerstman, minha esposa, foi extremamente compreensiva durante esse processo e acreditou em mim quando tive certeza de que este livro jamais aconteceria. Ela é uma pessoa muito, mas muito especial. Eu a amo e me sinto completamente realizado por tê-la como companheira. Também quero agradecer à minha irmã, Jane Buckingham, e ao meu irmão, Michael Rinzler, que sempre me ofereceram incentivo e amor.

Sou abençoado por ter tantos amigos que me inspiraram e me apoiaram no projeto deste livro (ou que pelo menos me trouxeram uma cerveja e falaram muito na minha orelha): David Delcourt, Brett Eggleston, Oliver Tassinari, Ethan Nichterm, Will Conkling, Josh Silberstein, Laura Sinkman, Maron Greenleaf, Alex Okrent, David Perrin, Jeff Grow, Ericka Phillips, Marina Klimasiewfski e todos os amigos do ensino médio. Há muitos outros que eu gostaria de citar aqui, e, se você não viu o seu nome na lista, saiba que eu o guardo em meu coração e sou muito grato.

Eu tive dois companheiros que permaneciam sempre ao meu lado enquanto eu estava sentado em meu sofá escrevendo este livro, no Brooklyn. Eles são Tillie e Justin Bieber, meus adoráveis bichinhos de estimação. Sei que eles não poderão ler isso, mas, de qualquer forma, gostaria de agradecê-los por toda a sua ternura.

Meus mentores também foram muito importantes. Recebi grande apoio de Richard Reoch, Connie Brock e Mitchell Levy. Muito obrigado pela atenção minuciosa a cada detalhe e por todo o cuidado que tiveram. Da mesma maneira, quero agradecer a Stan Lee por ter criado estes excelentes exemplos de crescimento: os X-Men e o Homem-Aranha.

Devo muitos agradecimentos a todos da editora Shambhala. Quero dizer muito obrigado a Sara Bercholz, por acreditar no meu projeto e por compreendê-lo — muitas vezes, melhor do que eu. Também quero agradecer a Emily Bower por me indicar a direção certa, e a Katie Keach e Ben Gleason, pois ambos souberam a maneira certa de absorver as minhas palavras, tornando-as eloquentes. E, claro, um imenso obrigado a Dave O'Neal por editar este livro tão cuidadosamente e adicionar camadas e mais camadas de clareza a ele. Foi um grande prazer trabalhar com todos vocês.

Acharya Adam Lobel tem escrito muito sobre as quatro dignidades em manuais que descrevem o *Caminho de* Shambhala. Aliadas ao material tradicional, as imagens e a linguagem utilizadas por ele me motivaram e me incentivaram profundamente. Por último, mas certamente não menos importante, nada que escrevi neste livro estaria aqui se eu não fosse sempre inspirado pelo exemplo de Sakyong Mipham Rinpoche, que considero o ser humano mais autêntico deste planeta. Agradeço a todos por tornar este projeto possível.

Introdução

Este não é o livro de meditação da sua avó. É o seu livro de meditação. Isso significa que você assume que gosta de tomar uma cerveja de vez em quando, gosta de fazer sexo, descobriu que os seus pais são malucos ou está decepcionado com o seu trabalho. Este não é um livro que põe o budismo em um pedestal para que você fique admirando-o. Trata-se de olhar para cada aspecto da sua vida e aplicar os ensinamentos budistas a cada um deles, não importa quão confusos estejam.

Você precisa se tornar budista para gostar deste livro? Claro que não. Qualquer que seja a sabedoria encontrada nas páginas a seguir, este livro é o resultado das excelentes instruções que recebi dos meus professores e da minha própria experiência de tentativas e erros. O *dharma* budista (ensinamento) não deve ser visto como um tratado obscuro que precisa ser dissecado e analisado. É para ser vivido. Então, não pense que você precisa ser budista para entendê-lo; você apenas precisa ter vivido um pouco e ter a vontade de olhar para a sua vida de um ponto de vista diferente.

Próxima pergunta: é necessário mudar sua vida para viver as verdades deste livro? De novo eu digo: claro que não. Este livro destina-se a qualquer um que pelo menos uma vez tenha dito "Eu sou espiritualizado". Aqui estão presentes os ensinamentos tradicionais que vêm sendo utilizados e provados há milhares de anos e que seguem o ideal de "Vou tentar levar o meu dia com um pouco mais de compaixão", ou o de "Vou relaxar um pouco e aproveitar a minha vida". Não é preciso mudar *você mesmo.* Você é ótimo! Este livro mostra apenas como viver sua vida ao máximo.

Aqui exploramos as quatro dignidades da Shambhala e as três *yanas* (veículos) do budismo tradicional tibetano. Vou oferecer o que eu sei, mas o resto cabe a você. É você quem tem de sair e levar a vida com atenção plena e compaixão. Você já sabe fazer isso, afinal a verdadeira sabedoria está dentro de você. O que o livro fornece é uma série de ferramentas para que você tenha acesso a ela. Veremos práticas simples, conselhos e ensinamentos que poderão alinhar você e sua bússola moral, que é a dignidade do seu próprio coração.

Então, se você quer estar mais presente no "agora", leia este livro. Se você quer mudar o mundo, leia este livro. Se você quer praticar meditação, mas não recusa um bom drink, leia este livro. Eu o escrevi para você. E, quando terminar de ler, me escreva. Quero muito saber a sua opinião!

Lodro Rinzler
2 de junho de 2011

PARTE 1

Primeiro, aja em conjunto

1. A vida é um playground

Se você ainda não dominou o inimigo interno – que é a sua própria raiva –, combater adversários externos só vai fazer com que estes se multipliquem. Um exército de bondade amorosa e compaixão para combater a sua própria mente é a prática da bodhisattva.

Ngulchu Thogme

Quando eu era jovem, tinha um despertador no formato de um samurai japonês com uma espada na mão e um relógio na barriga. Durante os dez anos em que ele funcionou, eu acordava todas as manhãs com o som dc um gucrrciro gritando em japonês "Acorda! Acorda! É tempo de batalha!".

Para muitos de nós, a vida é como uma batalha. O primeiro impulso da manhã é o de autoproteção: queremos nos esconder debaixo das cobertas em vez de encarar o dia. Isso porque, muitas vezes, vemos a nossa rotina como uma forma de lidar com a vida – pagar as contas, encontrar um par romântico, manter as nossas amizades, cuidar da vida familiar. E, no final do dia, estamos exaustos por conta do esforço que fazemos para dar conta de todas essas coisas.

Gastamos muita energia tentando constantemente acompanhar o correio de voz, o e-mail, o *spam*, as contas, as pessoas. Em vez de lidarmos com esses diferentes aspectos da vida com a mente aberta, nós os arrastamos ao longo do caminho e nos apegamos aos nossos refúgios: roemos as unhas, bebemos cerveja, fazemos sexo, fazemos compras on-line, vamos à academia.

Alguns até conseguem fazer tudo ao mesmo tempo. Embora tentemos arduamente, sabemos que, ao final do dia, sempre haverá algo mais a fazer e sobra pouquíssimo tempo para cuidarmos de nós mesmos.

Nesse ponto, a meditação é especialmente útil. A prática da meditação consiste em, primeiro e acima de tudo, aprender a estar presente e a apreciar o mundo ao nosso redor. A meditação nos ajuda a ver o mundo não como um campo de batalha, mas como um terreno fértil para a prática do coração aberto e desperto. Os ensinamentos budistas nos mostram que o único fator capaz de nos abster da presença verdadeira em nosso mundo é o apego à nossa maneira habitual de ver as coisas.

A maioria das pessoas tem uma rotina já predefinida, que deve ser executada ao longo do dia. Em algum momento da nossa vida, transformamos essa rotina em um estilo de vida. A questão é: "Está funcionando?". Dia após dia, podemos nos sentir incomodados com as mesmas aulas ou com o mesmo trabalho, a mesma relação, os mesmos altos e baixos, e então ansiamos por uma mudança radical.

Contudo, não é necessariamente o nosso mundo que é problemático, mas sim o nosso ponto de vista. Sabe-se que a iluminação nada mais é que as coisas como elas são antes de as preenchermos com as nossas esperanças e medos. Se pudermos moderar a nossa opinião sobre como as coisas deveriam ser e as apreciarmos como elas de fato são, o mundo será milagrosamente transformado em um solo rico, repleto de possibilidades.

Durante os anos em que venho ensinando budismo, me surpreendo com a incrível diversidade de pessoas que aparecem na porta dos centros de meditação. Pessoas de diferentes etnias, idades e classes sociais aparentemente têm um fator comum: nenhuma delas está inteiramente satisfeita com a sua vida da forma como ela se apresenta no momento. Mais do que nunca, elas tentaram de tudo para torná-la mais prazerosa – uma nova droga, um novo trabalho, um novo carro, um novo romance –, e, ainda assim, nada disso lhes trouxe um final do tipo "felizes para sempre".

A palavra budista para o ciclo de sofrimento em que nos encontramos é *samsara*. Refere-se a tudo aquilo que é desconfortável, desde uma unha encravada à perda de um amigo querido ou de um membro da família. É esperarmos por algo que não temos, o que nos torna infelizes. É quando você conquista aquilo que desejava, mas já está pensando em algo novo que possa entretê-lo.

Samsara é alimentada pela esperança e pelo medo. Esperamos realizar bem o trabalho, mas temos medo de perturbar o nosso chefe. Desejamos ir à praia, mas tememos a chuva. Esperança e medo excessivos podem arruinar uma experiência porque passamos muito tempo nos torturando, pensando no que poderia acontecer. Sabendo que os fatores externos não podem trazer a felicidade eterna, muitas pessoas são inspiradas a procurar a mudança interna, mas a maioria de nós não tem ideia de por onde começar.

Em seu primeiro discurso, Buda se pronunciou sobre essa insatisfação geral. Ele não disse: "Aqui está o plano, pessoal. Façam X, Y e Z e vocês brilharão como eu". Em vez disso, declarou: "Escutem, vocês estão infelizes, certo? Vamos analisar isso". Entao, Buda mencionou que nós sofremos porque não sabemos quem somos. A boa notícia é que ele também nos ensinou que essa síndrome de inquietação da vida pode ter um fim e traçou um caminho para explorarmos nosso interior e descobrirmos uma forma de despertar o nosso coração e a nossa mente. Este caminho é a meditação e a boa conduta.

A meditação é um instrumento de autorreflexão simples, mas que possui um poder enorme. Apesar de não oferecer a cura total para transformar sua vida, ela definitivamente tem o poder de transformar sua mente e seu coração, tornando-os mais expansivos e mais capazes de se adaptarem aos obstáculos que você enfrenta no dia a dia. Quanto mais você expandir a sua mente e o seu coração, maior será a sua habilidade de permanecer presente no mundo sem que a vida lhe pareça uma batalha.

Há três estágios pelos quais as pessoas passam quando começam a praticar a meditação. O primeiro pode ser descrito como o "De onde vêm todos esses pensamentos?". Estamos tão acostumados com o ritmo agitado da nossa vida que o simples fato de sentar para meditar e sentir a própria respiração nos mostra que um mar de pensamentos está nos invadindo na velocidade da luz. Nunca temos tempo de nos observar internamente e nos surpreendemos ao encontrar tão rapidamente sentimentos de paixão, raiva, confusão, solidão e tantas outras variações que vêm à nossa mente.

A técnica básica da meditação consiste em manter uma postura ereta, conectar-se com o seu corpo e concentrar-se na respiração. A respiração serve como uma âncora que nos acomoda no momento, na experiência presente. Parece algo bastante simples, mas, após poucos minutos, começamos a notar nossa mente sendo direcionada para uma conversa que tivemos outro dia, ou formando uma lista de coisas que precisamos fazer – tudo isso bem na hora em que estamos meditando. Quando esses pensamentos surgem, devemos admiti-los não como bons ou maus, mas apenas como pensamentos, e então trazemos nossa atenção de volta para a sensação física da respiração. Para facilitar, podemos dizer mentalmente "pensando" para reconhecermos que não estamos fazendo algo horrível e que temos a habilidade de voltar à nossa respiração.

Em uma sessão de trinta minutos de meditação, podemos ter uma diversidade de pensamentos. Geralmente no estágio do "De onde vêm todos esses pensamentos?" as pessoas se sentem frustradas porque acham que não estão chegando a lugar algum ou que a meditação não funciona para elas. Por milhares de anos, a meditação funcionou para inúmeras pessoas comuns, que acabaram se tornando verdadeiros mestres da meditação. Mas para você é meio improvável, certo?

Uma das coisas mais belas do budismo é que ele não venera Buda como um deus ou uma divindade, mas o celebra como um exemplo de pessoa comum, como você e eu, que aplicou uma boa dose de disciplina e bondade à sua técnica de meditação e que, como consequência, abriu amplamente a sua mente e o seu coração.

Com pouco mais de vinte anos, Buda não era um grande mestre iluminado. Chamava-se Sidarta Gautama (Sid, para os amigos) e morava com seu pai. Teve uma esposa com quem se casou cedo e, antes mesmo que ele se desse conta, teve um filho. Ele estava apenas descobrindo como havia sido educado porque, apenas aos vinte e poucos anos de idade, encontrou o sofrimento nas formas da doença, velhice e morte. Assim como a maioria de nós, já na juventude ele não gostava do que via no mundo e esforçou-se para encontrar uma forma de mudá-lo.

Sidarta Gautama, a quem imagino que a família e os amigos íntimos chamavam de "Sid", foi inspirado a seguir uma vida espiritual longe de casa. Ele chegou ao seu limite, passando fome e vivendo em condições adversas em nome da santidade, pois almejava uma mudança radical na criação cômoda que havia recebido. Por fim, descobriu que, não sendo tão complacente nem tão duro consigo mesmo, poderia encontrar um meio-termo e conseguiria ser bom, praticar a meditação com afinco e levar uma vida nobre. A partir de então, conseguiu atingir a iluminação.

Sempre que alguém do estágio "De onde vêm todos esses pensamentos?" me pergunta o que fazer sobre a prática da meditação, recorro ao que os meus professores me ensinaram: "Continue sentado e meditando". A meditação não é um blefe sobre a importância da fé, fundamentada em um cara chamado Sid que praticava meditação há 2600 anos, ou algo que descobrimos porque fomos até as comunidades de meditação e vimos que as pessoas se beneficiaram muito com essa prática. Nós podemos observar os efeitos da meditação em nós mesmos.

Quando Buda atingiu a iluminação, ele procurou por amigos próximos com quem já havia praticado a meditação no passado. Em vez de dizer a eles: "Eu consegui, venham e estudem comigo", ele simplesmente disse: "Venham e vejam vocês mesmos".

A meditação é um caminho de autodescoberta. Se aceitarmos o conselho de Buda e de outros grandes professores do passado e continuarmos a prática, também passaremos a nos distanciar daquele sentimento de que estamos sendo bombardeados por uma avalanche de pensamentos. Pelo contrário, nos sentiremos em meio a um grande e poderoso rio de pensamentos. Não é um mau começo. Com o passar do tempo e com a prática, sentimos que aquela avalanche se transforma em um riacho afluente ou em uma corrente suave, que acaba por conduzir a mente ao despertar – uma lagoa grande, plana e sem nenhuma correnteza.

O processo gradual de adaptar-se novamente à respiração durante a meditação começa a desenvolver um espaço mental que, com o tempo, passará a se manifestar de forma natural em nossa vida diária sem que precisemos fazer nada. Na prática da meditação, aprendemos a reconhecer os nossos pensamentos sem agir sobre eles. Trata-se de um recurso extremamente útil quando vivemos em um mundo onde um e-mail indesejado ou um botão "excluir" pode acabar destruindo uma relação.

Às vezes, durante a sessão de meditação, percebemos que estamos com raiva de um colega de trabalho ou de classe. Imaginamos supostas conversas com essa pessoa e a repreendemos de diferentes maneiras a cada vez. Analisamos detalhadamente como ela nos ofendeu no passado e refletimos sobre como também a ofendemos. Sempre que notarmos esse processo durante a meditação, devemos reconhecê-lo, ajustá-lo no "pensando" e retornar à respiração. Poderá ocorrer algo do tipo:

"Brett é um imbecil."
"Pensando."
De volta à respiração.
"Brett escolheu arruinar a minha manhã hoje? Aposto que ele planejou isso!"
"Pensando."
De volta à respiração.

Repetindo essa prática simples de abrir espaço no conforto da meditação, estamos nos preparando para lidar com essa emoção e com essa pessoa em nossa rotina. Isso recebe o nome de "prática de meditação" porque estamos praticando o ato de estar presente em nossa experiência durante a meditação, e tal prática se estende para as demais 23 horas e meia em que não estivermos oficialmente meditando. Esperamos que, na próxima vez que encontrarmos Brett, em vez de reagirmos com a resposta habitual e partirmos para o ataque, encontremos uma abertura, uma chance de não reagir como sempre fizemos no passado. E seremos capazes de permanecer presentes diante de qualquer situação.

Quando passamos por uma experiência como essa, podemos avançar para o segundo estágio: "Isso realmente acontece comigo às vezes". Sentimos que a meditação aos poucos nos permite acessar uma expansividade maior em nossa mente e em nossa vida diária. Isso acontece porque a meditação não é uma tentativa de pôr em prática uma versão ideal de quem somos, pelo contrário, é uma questão de sermos nós mesmos com as nossas próprias experiências, não importa quais sejam.

O terceiro estágio pode ser chamado de "A meditação é como o crack". Já vimos que, ao criar uma situação mais ampla em torno dos pensamentos e emoções fortes que influenciam a nossa prática de meditação, tornamo-nos mais bem preparados para nos relacionar com eles em nosso dia a dia. Isso é bom. Tão bom que queremos continuar percorrendo este caminho na esperança de poder trazer equilíbrio para o nosso interior, para o nosso cotidiano e para o mundo à nossa volta.

Assim como Buda (o nosso primeiro exemplo) levou muitos anos para descobrir uma técnica que funcionasse para ele, não podemos achar que a meditação mudará a nossa vida da noite para o dia. Se você quer ter o corpo em forma, não pode esperar uma mudança radical depois de poucos dias praticando corrida ou após uma semana frequentando a academia. Você começa devagar: primeiro acostuma-se com os pesos e aparelhos, e vai adquirindo resistência sessão após sessão, ao longo de um determinado período. Você se sente mais motivado cada vez que consegue se superar.

O mesmo é válido para a nossa mente em relação à meditação. Não devemos esperar que em cinco horas de prática alcancemos a iluminação. Tampouco podemos praticar quinze minutos por dia durante uma semana e, sentindo que não estamos mais equilibrados e nem com o coração mais aberto que antes, desistir. Sessão após sessão, começamos a desenvolver a flexibilidade mental e a atenção plena que torna a nossa mente forte e sadia. Precisamos começar treinando nossa mente de forma regular em sessões curtas, com o objetivo de construir a estabilidade que, com o tempo, se estenderá para o resto de nossas vidas.

Por fim, eu acredito que qualquer pessoa atraída para uma vida espiritual quer fazer a diferença no mundo. Ninguém pegou este livro porque queria um carro melhor ou um parceiro mais bonito. Queremos aprender a ser sadios, mais bondosos em nossa rotina, e a espalhar o equilíbrio e a compaixão por esse mundo em crescente caos. O primeiro passo é enfrentar nossos inimigos mentais por meio do autoconhecimento, alcançado através da meditação. Precisamos ser mais afáveis conosco e, por mais clichê que isso possa soar, precisamos amar a nós mesmos para, dessa forma, sermos capazes de amar o mundo.

O despertador em forma de samurai aponta uma maneira de encarar o dia. Toda manhã podemos acordar e pensar: "É tempo de batalha: eu *versus* o mundo". Para vencer, podemos ser agressivos em nosso trabalho, conquistar um aumento ou uma promoção, comprar o mais novo aparelho celular ou namorar um supermodelo. No entanto, esse ponto de vista é velho e exaustivo porque estamos constantemente nos esforçando para subir mais um degrau – aquele celular novo se torna obsoleto em questão de meses e o nosso parceiro, no final das contas, perde o brilho. Enxergar o nosso dia como uma batalha nos separa do resto do mundo e faz com que o nosso cotidiano pareça algo que precisamos dominar, controlar – ou a que devemos simplesmente sobreviver.

Em vez disso, podemos enxergar nossa vida como uma preciosa oportunidade. Quando o despertador tocar, você poderá refletir por um minuto sobre tudo aquilo que possui – seus amigos, sua família, tudo aquilo de que você gosta muito – e apreciá-los. Ao iniciar o dia, você pode reservar um momento para meditar e observar como um curto espaço de tempo faz você se sentir mais confortável e com a mente mais ampla.

Ao seguir esse caminho, você vai observar que o mundo, antes visto como algo ameaçador contra o qual devemos lutar, não é tão complicado quando você não traz aquela ideia fixa de agressividade e confusão a cada circunstância, mas sim enche cada nova situação de amplitude. Quanto menos nos prendermos à nossa opinião sobre como as coisas deveriam ser, mais preparados estaremos para fazê-las como devem ser feitas. Quando desenvolvemos essa habilidade, nossa vida deixa de ser uma batalha e se torna um *playground*. E então poderemos desfrutar dela.

2. Ria do filme em sua mente

Antes de embarcar no caminho do desenvolvimento da sabedoria e da compaixão, precisamos aprender o básico. É necessário aprender a trabalhar com a nossa mente. A técnica de meditação apresentada neste capítulo é comumente chamada de *shamatha*. Trata-se de uma palavra do sânscrito, que pode ser traduzida como "calma permanente". Bem interessante, não? Apenas o fato de reservar um tempo para você em sua rotina agitada já produz um efeito calmante.

Porém, preciso fazer uma revelação: nem sempre a meditação vai acalmá-lo. No início da prática, é possível perceber que a *shamatha* tem um lado surpreendente, em que você começa a assistir a diversos aspectos da sua vida como se eles estivessem numa tela de cinema. Os seus desejos, medos e suas maiores fantasias sexuais surgem em sequência na sua mente. Depois de meditar com essa sequência por um tempo, você passa a considerá-la chata e repetitiva. Mas a questão é que ela sempre esteve lá. Você que nunca parou para observá-la diretamente.

Treinando a mente com a *shamatha*

A *shamatha* capacita a mente a retornar para o que está acontecendo no momento presente. Quando você está assistindo àquela sequência na sua mente e muda para uma cena em que está no Caribe tomando uma tequila na praia e afundando os pés na areia, poderá refletir: "Ei! Isso não é real. Minha realidade é este apartamento apertado, uma ligeira dor nas costas e uma mente inquieta". Acredite ou não, este pensamento é bom. Perceber que você está perdido no pensamento é o primeiro passo para retornar ao momento presente com regularidade.

Trata-se de algo muito semelhante ao primeiro passo dos Alcoólicos Anônimos (AA), quando você admite estar impotente diante do álcool. Nesse momento, você deve estar pensando: "Sou impotente diante dessa sequência de pensamentos e emoções que estão passando bem na minha frente". No entanto, assim como no AA, há um caminho a ser percorrido para conquistar força, e esse caminho consiste em gradualmente passar a fazer algo que esteja além do hábito.

Aprender a meditação *shamatha* é como empunhar uma espada: você é capaz de cortar essa sequência que está rodando em sua mente como se estivesse cortando papel. Voltando continuamente à respiração, você aprende que não precisa se apegar ao mais novo drama do dia. Pelo contrário, você pode entrar em contato com o elemento pacífico por trás de toda essa loucura: a sua sabedoria inata.

A meditação é uma prática tradicional em todo o mundo. Ela existe há séculos e não é originalmente budista ou mesmo religiosa. A única razão para que você e eu a pratiquemos é o fato de nosso amigo Sid tê-la utilizado como instrumento para descobrir a sua sabedoria inata e, assim, viver feliz para sempre – este foi o resultado. Podemos encontrar sabedoria por trás da nossa confusão mental. Podemos também olhar para a tela do filme em nossa mente e vê-la como algo ilusório.

Sid é muito conhecido pela ação que ele chamou de "atingir a iluminação". A sua descoberta tem sido discutida por muitos e descrita em diversos livros. O nosso propósito aqui é mostrar que ele despertou para enxergar a realidade como ela é. Por meio da prática da meditação, ele pôde encontrar a calma suprema: a tranquilidade necessária para não acreditar completamente naquilo que passava na tela de cinema da sua mente. Ele teve a habilidade de voltar a consciência para sua própria sabedoria, também conhecida como natureza de Buda, ou bondade fundamental.

Cada um de nós tem o potencial para ser um Buda. Nós também possuímos a bondade fundamental que Buda descobriu. Sid desenvolveu uma confiança profunda em sua bondade fundamental e, a partir disso, ofertou-a de forma constante. Não é um mau exemplo de como a *shamatha* pode ajudar pessoas comuns, como você e eu.

Atingir a iluminação pode não ser o seu objetivo agora, o que é bom. De verdade. Contudo, se você quer abrir o seu coração completamente, aprender a lidar com as emoções fortes que eventualmente surjam ou simplesmente livrar-se do estresse, você pode utilizar a *shamatha* como ferramenta para libertar-se do vício de render-se ao "filme sem fim" em cartaz na sua mente.

Segue aqui um exemplo de como isso funciona. Se você estiver em casa, pegue um copo d'água. Se não estiver, use a imaginação. Aquela água cristalina é semelhante ao nosso estado natural. É brilhante e sem nenhuma flutuação.

Agora, se você jogar um pouco de sujeira no seu copo, as coisas começarão a ficar bagunçadas. Especialmente se você pegar uma colher e mexer toda essa sujeira. Experimente!

Esse "tornado de sujeira" representa a forma como tratamos a nossa mente no cotidiano. Quando um pensamento ou emoção forte surge, nós o misturamos a milhares de situações diferentes. Uma parte da sujeira pode ser: “O que a Laura quis dizer com aquele e-mail?” e, então, juntamos isso a mais uma dúzia de outras situações sobre o que ela pode estar pensando, sobre como vamos reagir, a quem contaremos aquilo, e assim por diante. Quando gastamos nossa energia mental estimulando essas suposições, nossa mente vai ficando turva.

Muito bem, agora pare de mexer a colher. Observe como a sujeira desce para o fundo do copo. Enquanto a sujeira vai se diluindo, a água na parte superior do copo volta ao seu estado natural: clara e límpida.

Da mesma forma, a nossa mente é o palco dessas fortes emoções e sentimentos que produzimos. Porém, não importa como, nossa mente continua naturalmente vibrante e brilhante. Ela é essencialmente boa. Quando não nos apegamos àquela sequência repetitiva de pensamentos, sentimentos e emoções, descobrimos que permanecer em contato com a nossa sabedoria inata é uma experiência revigorante.

Recomendações para a meditação

Seguem algumas recomendações sobre como começar a deixar de lado a nossa velha colher da agitação e entrar em contato com a nossa bondade fundamental.

Localização, localização, localização

Você precisa escolher um espaço em sua casa para meditar. É importante encontrar um local regular, confortável, calmo e limpo. Se você não conseguir um lugar com essas quatro características, tente encontrar um que contemple pelo menos algumas delas. Algumas pessoas compram almofadas para meditação, outras preferem pôr um travesseiro sobre um cobertor no chão. Se você tiver problemas de coluna, poderá utilizar uma cadeira.

Escolha o que preferir e coloque-se em um lugar espaçoso, onde você possa se sentar ereto e de maneira confortável. Não precisa ser um lugar silencioso, mas a ideia é que você esteja à vontade e possa ficar ali por um tempo, sem perturbação. Não sente em frente ao computador ou à TV, mesmo que eles estejam desligados. Próximo à parede ou à janela são boas opções.

O corpo

Sente-se sobre a cadeira ou almofada. Se você estiver sobre uma almofada, sente com as pernas cruzadas e bem espaçadas. Mas, se estiver sentado em uma cadeira, mantenha os dois pés firmes no chão. Você precisa sentir equilíbrio e firmeza na posição de meditação.

A partir dessa base firme, você pode ajeitar a sua postura (do jeito que a sua mãe sempre pediu para você fazer). Algo que ajuda bastante é imaginar uma corda no topo da cabeça, puxando-o para cima, alongando a coluna. Não force o seu corpo, apenas atente-se à sua curvatura natural. Relaxe os braços e os ombros.

Certa vez, Buda contou que teve um aluno músico, extremamente rígido nas aulas de meditação. Nosso amigo Sid disse: "Vamos nos lembrar de como você afina o seu instrumento. Como devem ficar as cordas?". O músico respondeu: "Nem muito apertadas nem muito folgadas". Sid completou: "Exatamente. Pratique a meditação dessa mesma forma".

Quando estiver na postura de meditação, lembre-se desse conselho. Não enrijeça os seus músculos como se fosse amarrá-los, fazendo um nó, tampouco os afrouxe como se estivesse pronto para dormir. Encontre o seu meio-termo.

Solte as mãos ao lado do corpo. Sem mover a parte superior dos braços, dobre-os na altura dos cotovelos e deixe as mãos para cima. Em seguida, coloque a palma das mãos sobre as coxas. Esta será uma boa posição para descansá-las.

Com a cabeça suavemente repousada para frente, encoste levemente o queixo sobre o peito. Relaxe os músculos da face na região ao redor dos olhos, nariz e mandíbula. Ao relaxar esses músculos, você pode deixar a boca ligeiramente aberta, o que lhe fará muito bem. Para ajudar, você pode elevar a língua ao céu da boca.

Uma última coisa sobre a sua postura: mantenha os olhos abertos. Algumas escolas de meditação incentivam os alunos a fecharem os olhos, enquanto outras pedem a eles que deixem os olhos abertos. Eu concordo com a última opção. Se o objetivo da nossa prática é manter-se presente, claro que fica muito mais fácil se não nos afastarmos intencionalmente dos nossos sentidos. Além disso, não é raro as pessoas caírem no sono durante a meditação. Por isso, tente manter os olhos abertos e fixe-os no chão, sem nenhum foco específico.

A respiração

O objeto da prática de meditação é a respiração. Não é preciso forçá-la; a respiração flui naturalmente, então é muito fácil colocá-la em sintonia. Além disso, manter a estabilidade da respiração tem um efeito calmante para a mente. A respiração também acontece no agora; ela sempre está no momento presente. E, como está sempre fresca, ela é um excelente apoio para nos manter concentrados no momento presente.

Volte a sua atenção para a sensação física da inspiração e expiração. Não mude ou intervenha na sua respiração de forma alguma, apenas permita que ela flua naturalmente, como sempre.

A mente

Inevitavelmente, você não mais se concentrará em sua respiração. Alguma situação urgente virá à sua mente e você vai sentir vontade de pular da almofada para resolvê-la ou ficará pensando nessa situação. Você também pode começar a reproduzir uma conversa que teve ao telefone vinte minutos antes de começar a meditar ou ficar planejando o que vai contar para o seu parceiro no dia seguinte.

Não se preocupe: todos que já meditaram desde o início da história da prática da meditação tiveram essas mesmas sensações. Não tenho dúvida de que Sid, no seu estágio "De onde vieram esses pensamentos?", também se perguntou o que iria comer no jantar.

O que você deve fazer quando estiver perdido em seus pensamentos, emoções ou fantasias é retornar à respiração. Para auxiliar, você pode dizer "pensando" a si mesmo, como um lembrete de que está de fato pensando. Você não está dizendo que o seu pensamento é bom ou ruim, mas está apenas lembrando a si mesmo sobre o que deve realmente fazer: retornar e manter o foco em sua respiração.

Acredite que, se o pensamento é de fato bom, de alguma forma ele permanecerá após a sessão de meditação. O poeta Allen Ginsberg tinha o hábito de manter um diário sobre a sua almofada de meditação. Pensamentos brilhantes surgiam em sua mente, e seu professor Chögyam Trungpa Rinpoche (o mestre de meditação que trouxe a Shambhala budista para o Ocidente) o repreendia. Em vez de dizer "Claro, escreva o próximo *Howl* aqui e agora", Trungpa Rinpoche dizia "Não! Guarde isso. Volte à sua respiração".

Toda vez que algo aparentemente importante surge na minha mente durante a meditação, reflito a respeito e volto minha atenção imediatamente à respiração. Não importa o que surja, sempre retorno à respiração. Nenhuma fuga é permitida.

O tempo

O fator mais importante é manter a sua sessão de meditação curta e regular. Defina por quanto tempo você irá meditar antes de iniciar. Mesmo que você tenha apenas dez minutos por dia, pratique e mantenha esse hábito.

Meditar é como aprender a tocar um instrumento. Se você pegar o violão uma vez por mês e tocá-lo por uma ou duas horas, aos poucos aprenderá algumas coisas, mas você pode se sentir desmotivado quando perceber que não consegue tocar nenhuma música inteira ao longo de um ano. Porém, se você tocar o violão dez minutos por dia, aprenderá alguns acordes muito bem, em seguida algumas músicas básicas e, dentro de pouco tempo, fará parte de uma banda de garagem.

O mesmo se aplica à meditação. Se você praticar uma ou duas horas em um mês, ela não terá nenhum efeito sobre você. Contudo, se praticar dez minutos por dia, com o passar do tempo você irá se acostumar e verá o resultado se propagar para o resto da sua vida.

A prática da meditação cria atenção plena, que consiste em simplesmente prestar atenção ao que está acontecendo. Começamos prestando atenção à tela daquele filme confuso que está em nossa mente. Nós o reconhecemos e usamos a *shamatha* para pôr fim à tendência de nos envolvermos com as reviravoltas da história.

Quando começamos a estabilizar nossa mente, é porque a meditação está se tornando mais prazerosa. Podemos encarar esse filme com humor. O que antes era um drama passa a ser uma comédia. Não que o enredo seja outro; ainda temos o impulso de ficar com raiva de alguém ou de imaginar como será o nosso próximo encontro amoroso. Mas não somos mais incapazes de mudar o nosso foco. Podemos agora direcionar a nossa atenção para o contato com a nossa bondade fundamental. Podemos rir diante do filme que passa em nossa mente e não levá-lo tão a sério.

Quando chegamos a esse ponto, começamos a acreditar em nossa prática de meditação porque estamos de fato sendo beneficiados por ela. Já estamos em contato com a nossa bondade fundamental e começamos a enxergar a bondade no mundo à nossa volta.

3. Manifeste as qualidades do tigre

Como cresci nos anos 1980, adorava o desenho *Super amigos*. Era uma mistura de todos os super-heróis mais legais, entre eles o Super-Homem, o Batman e a Mulher-Maravilha. A combinação desses personagens poderia derrotar qualquer inimigo.

No budismo tradicional tibetano, temos o nosso próprio *Super amigos*. Há quatro animais míticos e não míticos que representam diferentes aspectos do nosso treinamento de sabedoria e compaixão. Individualmente, são o tigre, o leão da neve, a garuda (meio pássaro, meio homem) e o dragão; juntos, são conhecidos como as quatro dignidades da Shambhala. Quando reunidas, elas possuem grande poder. Em vez de clamar por essas dignidades com um grito ou usando anéis mágicos, nós podemos treinar para incorporar as qualidades desses animais.

No decorrer deste livro, iremos explorar essas quatro dignidades da Shambhala. As qualidades desses animais são incrivelmente práticas. Podemos olhar para esses seres não como algo sobrenatural ou esotérico, mas como exemplos do que gostaríamos de acrescentar à nossa vida. Nos estudos dessas dignidades, estamos descobrindo ferramentas simples que nos ajudam a entrar em contato com a nossa bondade fundamental e a manifestá-la de forma benéfica para nós e para os outros.

Cada dignidade pode ser associada a um caminho tradicional do budismo tibetano. À medida que estudamos cada animal, progredimos pelas três *yanas* (veículos) da estrutura tradicional do budismo.

O TIGRE E O CAMINHO *HINAYANA*

O tigre é o primeiro desses quatro animais. Muitas de suas qualidades são tradicionalmente conhecidas como o caminho *Hinayana*. É um caminho de concentração na sua própria jornada para a luz que, no entanto, não o impede de beneficiar os outros também.

Hinayana é uma palavra curiosa traduzida literalmente como "estreito, ou menor, veículo". Algumas tradições budistas se concentram exclusivamente nesse caminho e, como podemos imaginar, se ofendem com esse tipo de tradução. Sem nos preocupar com isso, podemos nos referir a *Hinayana* como um processo de "agir em conjunto". Em outras palavras, a *Hinayana* é um caminho para trabalhar com a sua mente de maneira consistente, de modo a atingir o maravilhoso despertar.

Creio que isso seja algo que todos nós podemos nos esforçar para atingir. A imagem do tigre está diretamente associada à tradição *Hinayana* porque trata-se de trabalhar com o seu ambiente sem interferências, com atenção plena, para assim despertar para a própria vida.

As três qualidades do tigre

Há três qualidades básicas que o tigre incorpora: o discernimento, a nobreza e a precisão.

Discernimento

O tigre caminha pela selva cuidadosa e graciosamente. Ele respeita o seu tempo, observa tudo a seu redor e age com base nesses conhecimentos. Em outras palavras, o tigre observa antes de atacar.

Para os nossos praticantes de meditação do século XXI, isso pode ser traduzido como olhar para uma tequila e refletir antes de tomar uma dose: "Isso vai me trazer felicidade ou dor?". Se olharmos atentamente para nossa vida, notaremos que estamos bebendo apenas porque fomos rejeitados por nosso parceiro e queremos anestesiar a nossa dor, por exemplo. Se esse é o seu caso, devemos ter consciência de que a tequila é um curativo temporário, um band-aid; logo o efeito da bebida vai passar, mas a pessoa não estará ao seu lado. Nessa situação, recorrer ao discernimento do tigre nos leva a perceber que se embriagar não é um caminho viável. Em vez disso, precisamos lidar com a nossa dor de forma direta, sem automedicação.

Refletindo sobre nossas atividades diárias dessa maneira, aprendemos a reconhecer os nossos hábitos pessoais. Reconhecemos que bebemos quando estamos angustiados, que roemos as unhas quando estamos nervosos, ou que fazemos sexo quando nos sentimos sozinhos. Desviamos a nossa plena atenção da almofada de meditação e a colocamos nos detalhes da vida. Uma vez que identificamos quais aspectos da nossa vida desejamos valorizar mais e quais queremos banir, temos traçado o caminho que devemos seguir em direção à nossa felicidade.

Cordialidade

Normalmente, os tigres são julgados como animais muito violentos. Porém, quem já teve a oportunidade de ver uma tigresa com seus filhotes sabe que ela é extremamente carinhosa. A majestade da tigresa está na capacidade de ferir com suas garras, mas também de saber utilizá-las para acariciar.

O falecido mestre budista Tulku Urgyen Rinpoche sempre dizia: "Com agressividade você pode conquistar algumas coisas, mas com gentileza poderá conquistar tudo". Se você percebe que está nutrindo alguns hábitos que não o levam à felicidade, não deve se punir: "Imbecil, você sabia que a tequila o faria ligar para ela! Agora você não apenas perdeu a oportunidade de reatar, como também a deixou enfurecida!". Esse tipo de diálogo interno não é nem um pouco produtivo.

O caminho da autorreflexão é longo e turbulento. Se você sentir raiva de si mesmo toda vez que der o cano em uma sessão de meditação ou que ligar para uma ex-namorada, poderá desanimar e ter vontade de seguir outro caminho. Por isso é importante ser paciente consigo mesmo. A essência da prática do tigre é que ele é amável com ele mesmo e gentil com os outros.

Pema Chödrön, professora da tradição Shambhala budista, certa vez encontrou um homem muito gentil que tomou esse ensinamento como a rota de sua trajetória da meditação. Enquanto falava a um pequeno público no Texas, nos anos 1970, ela olhou para a plateia repleta de homens usando chapéu de caubói e pensou: "Não estou certa de que a minha mensagem chegou a todos...".

Pema se surpreendeu anos depois, quando um senhor apresentou-se a ela durante o lançamento de um livro, dizendo que fora participante de seu programa de meditação no Texas. Ele contou que vinha meditando desde aquele dia e passara a ser muito exigente consigo. Frustrava-se quando se deparava com alguma fantasia em seu pensamento e ordenava a si mesmo: "Pensando!". Contudo, depois de seguir as instruções de Pema, decidiu adotar uma nova abordagem e passou a ter grande satisfação em retornar à sua respiração, mentalizando tranquilamente: "Pensando... Bom garoto!".

Todos nós precisamos trazer uma abordagem do tipo "bom garoto!" para a nossa prática de meditação se quisermos torná-la efetiva. De forma similar, quando ficamos frustrados com outros aspectos da nossa vida, precisamos cultivar uma abordagem mais gentil conosco. Não podemos nos torturar com tudo. Em 26 mil anos de meditação e ensinamentos, nenhum mestre budista jamais disse: "Francamente, você precisa ser muito exigente consigo mesmo. Só assim poderá construir a mudança interna".

Aprender a caminhar pelo nosso mundo suavemente, como o tigre, é uma prática. Requer reflexão, aprendizagem e paciência. E nós podemos incorporar essas qualidades. Uma vez que somos gentis conosco, podemos oferecer essa gentileza aos outros.

Precisão

À medida que o tigre caminha vagarosamente pela selva, ele firma cada pata sobre o solo com um cuidado incrível. Seus sentidos estão sintonizados com o mundo à sua volta. Em outras palavras, ele está presente e desperto para o seu ambiente cotidiano.

É comum vivermos tão apressados em nossa rotina que jamais apreciamos o que está acontecendo no momento real. Por meio da prática da meditação, aprendemos a relaxar na nossa situação atual: a sensação física da coluna ereta, a respiração fluindo naturalmente e os pensamentos fluindo em nossa mente. No mundo pós-meditação, permanecemos presentes em cada aspecto da nossa vida, seja ele o trabalho, a escola, a conversa ao telefone com aquela pessoa de personalidade forte ou brincando com o nosso animal de estimação.

Parece muito estranho estar sempre presente? Comece fazendo algo muito simples: lavando a louça. Vá agora para a pia da cozinha. Se não tiver nada para lavar, fique à vontade para fazer um lanche antes.

Agora, pegue a louça. Sinta o peso dela em suas mãos. Abra a torneira. Sinta a temperatura da água em sua pele. Pegue a esponja e sinta como a textura dela se transforma de seca e áspera para molhada e macia. Lave a louça cuidadosamente e, quando terminar, admire a beleza de um prato limpo.

Esteja presente em um ato simples como este e você ficará surpreso com a satisfação que vai sentir.

A prática de estar presente em vários aspectos da sua vida estimula a desaceleração e o ganho da precisão. Se você já parou no meio de alguma rua em uma grande cidade, sabe que a sensação de estar exposto ao caos nos corta como uma faca. Não precisamos sair da calçada para ter essa sensação. Podemos permanecer presentes durante uma apresentação chata de um colega de trabalho ou quando estamos com o nosso parceiro, fazendo amor. Apreciamos aquilo que nos faz ser um bom profissional ou um bom namorado ou namorada, porque essas coisas rompem o ritmo acelerado da nossa vida.

Quando quebramos esse ritmo acelerado, percebemos que estamos cuidando dos aspectos da nossa vida como o tigre faz quando vai à caça. Podemos procurar uma roupa em nosso armário pela manhã como o tigre avalia a paisagem a seu redor. Da mesma maneira que ele cuidadosamente escolhe a sua presa, podemos sem pressa e com cuidado escolher o que queremos vestir. Assim como o tigre ataca a sua presa com movimentos precisos, podemos fazer o nó da gravata ou ajeitar o cachecol. Essa precisão nos faz sentir muito bem. Estamos incorporando a majestade do tigre ao permanecermos presentes e atentos à precisão das coisas.

Olhar honestamente para a vida e reconhecer "Eu quero mudar" requer uma boa dose de coragem. Também é necessário ter conhecimentos específicos para alcançar esse objetivo. Estudando as quatro dignidades, podemos aprender a incorporar essas qualidades. É possível recorrer às quatro qualidades dos *Super amigos* porque de fato elas já estão presentes em nosso interior. No caso do tigre, podemos manifestar discernimento, gentileza e precisão em boa parte das nossas atividades. Essas qualidades são as ferramentas para a mudança e serão analisadas detalhadamente nos próximos três capítulos.

Em tibetano, há uma palavra para o guerreiro que deseja passar por essa transformação interna com o objetivo de estar a serviço do mundo: *pawo* (aquele que é valente). A coragem não consiste em lutar contra o nosso mundo, mas em carregar esse olhar sincero para as nossas vidas. Seguindo os passos do tigre, do leão da neve, da garuda e do dragão, temos o potencial para sermos inteiramente o que somos e, a partir disso, oferecer a nossa autenticidade ao mundo.

4. Discernindo a sua própria mandala

O objetivo de estudar o budismo não é estudar o budismo em si, mas estudar a nós mesmos.

Shunryu Suzuki Roshi

Na cena de abertura do filme *Onze homens e um segredo*, o protagonista Danny Ocean está prestes a sair da prisão, em Nova Jersey. Confiante, ele deixa a penitenciária vestindo um smoking com uma gravata borboleta frouxa, pendurada no pescoço. Algumas semanas depois, ele comete um assalto e consegue 11 milhões de dólares, além de reconquistar o amor de sua ex-esposa.

Aqui está a parte que foi cortada na edição do filme: enquanto estava preso, ao longo de quatro anos, Danny preparou meticulosamente o plano que executaria poucas semanas após a liberdade. O que, à primeira vista, parece ser algo casual e não premeditado, é, na verdade, uma sequência de acontecimentos planejados com cuidado por uma pessoa que se dedicou inteiramente a tornar o seu objetivo realidade. Ele tinha uma boa dose de motivação na mente, que fez com que seguisse o seu plano com precisão. Certa vez, o sábio indiano Shantideva escreveu:

"Garças, gatos e bandidos
atingem os seus objetivos

seguindo em silêncio e sem serem observados.
Tal qual a prática constante de um sábio."

Shantideva utiliza a palavra "sábio" para se referir a um termo comum no budismo: *bodhisattva*. Essa palavra também pode ser traduzida do sânscrito como "guerreiro bondoso" ou "guerreiro de mente aberta". O guerreiro, neste caso, não é alguém que procura por batalhas, mas, como mencionamos anteriormente, alguém que deseja e está disposto a confrontar a sua maneira habitual de se relacionar com o mundo. Enquanto o bandido é motivado pelo dinheiro e pelo sucesso, o *bodhisattva* é motivado pelo trabalho em sua própria mente, que tem por objetivo beneficiar os outros.

O budismo muitas vezes é concebido como uma religião moralista. Quando eu estava na faculdade, se falasse para as pessoas que eu era budista, elas jamais me ofereceriam uma cerveja ou jamais imaginariam que eu pudesse me interessar por uma mulher atraente. As pessoas em geral pensam que os budistas não bebem e não mantêm relações sexuais. Mas o budismo não é uma super-religião, mais puritana que as demais religiões. Assim como nas outras tradições espirituais, há alguns budistas que escolhem levar uma vida de abstinência enquanto outros não. De fato, muitos praticantes do budismo adoram beber e são grandes amantes.

Porém, há um lado bom nisso. O budismo orienta que devemos conhecer a intenção por trás das nossas ações e avaliar se o que fazemos terá um efeito positivo ou negativo sobre aqueles que nos rodeiam. O mestre de meditação indiano Atisha escreveu: "Todas as ações devem ser realizadas com uma intenção". Essa intenção é o desejo de sermos gentis conosco, influenciando o mundo à nossa volta de forma positiva.

Aquele que deseja incorporar as qualidades do tigre traz o discernimento para sua vida. Depois de empenhar a nossa mente por um tempo na meditação, começamos a compreender o que nos leva a tomar determinadas atitudes. Reatar um relacionamento pode não ter nenhuma relação com a vontade de oferecer uma nova chance a essa pessoa, e sim com o desejo de evitar a solidão. Mudanças constantes de emprego podem ser uma forma de inserir novos ares à sua rotina diária, mas também pode ser uma forma de livrar-se de um chefe difícil. Quando observamos que estamos a ponto de entrar em uma situação dolorosa ou prazerosa, devemos refletir sobre a nossa real motivação.

Embora não fosse budista, Hamlet aplicou esses ensinamentos para conhecer as nossas intenções. Assim, com eloquência, disse a Horácio: "Não existe nada bom ou mau, é o pensamento que o faz como tal". Uma cerveja não é uma coisa ruim. Quando a nossa intenção é relaxar e bater um papo com os amigos, muitas vezes a cerveja é um bom pretexto para um encontro. Contudo, quando estamos furiosos e queremos esquecer um dia ruim, beber torna-se meramente uma maneira de fugir da realidade. Em ambos os casos, não podemos reclamar da cerveja quando acordamos no dia seguinte com uma forte ressaca. A cerveja não nos obrigou a nada: foi a nossa própria mente que teve a capacidade de compreender a intenção de nos embriagar e nos colocou nesse estado.

Normalmente, as pessoas gostam de praticar a meditação pela manhã, antes de iniciarem sua rotina diária. É um bom presente para qualquer pessoa reservar dez ou vinte minutos do seu dia para a autorreflexão antes de iniciar a sua rotina agitada. Quando nos sentamos para meditar pela manhã, é muito comum surgirem perguntas como: "O que tenho de urgente para hoje?". Podemos usar essas oportunidades para voltar ao momento presente em vez de nos prendermos a essa sequência de pensamentos. Devemos nos conectar com a nossa motivação, para que, durante o dia, possamos evitar uma discussão com um colega de trabalho, ajudar um amigo que esteja enfrentando as dificuldades do término de um relacionamento e tentar levar o nosso dia com plena atenção e discernimento.

Tanto no hinduísmo como no budismo, o termo "mandala", em seu significado genérico, é um tipo de organograma. Comum no budismo, a mandala é usada como um instrumento que representa certa linhagem ou divindade, sobre a qual é possível praticar a meditação. Essa divindade está no centro da mandala, e há um segundo círculo em torno dela no qual estão os que a acompanham. Em volta deste círculo há outra camada de seres, em seguida outra e assim por diante, até que todos os seres existentes estejam representados.

Essas mandalas simbolizam aquilo que você cria internamente, sem perceber. Seja qual for a sua principal motivação, ela está no centro. Digamos que seja o seu senso de proteção contra o nervosismo, por exemplo. Se você construir a sua mandala com a noção de autoproteção ao centro, na próxima camada circular você terá os padrões habituais que servem como escudo para protegê-lo contra coisas prejudiciais. Por exemplo, você não se arriscaria a coisas novas ou mesmo a conhecer novas pessoas.

Do lado externo dessa camada grossa da mandala, há outro círculo que provavelmente inclui pessoas que já fazem parte da sua vida, sempre dizem coisas boas e lhe proporcionam bem-estar. O outro círculo externo pode representar todos os lugares bons que você frequenta ou aquele prato que você sempre escolhe no cardápio – enfim, escolhas próprias que nunca o decepcionarão. É possível criar camadas circulares com o intuito de construir sua própria identidade e seu estilo de vida baseados na autopreservação.

Eu diria que um grande número de pessoas tem o estilo "seguir adiante na vida" como o centro de sua mandala pessoal. É possível perceber tal fato quando vemos as pessoas fazendo as suas vidas girarem em torno da carreira, da conquista do par perfeito, ou encontrando formas de enriquecer rapidamente. Por tentativa e erro, essas mesmas pessoas com frequência acabam decepcionadas e procuram por algo a mais. Elas podem não atingir seus objetivos e sentem-se desiludidas; ou podem até alcançá-los, mas ainda desejam algo mais.

Imagine um mundo onde todos tivessem a generosidade como motivação e onde ela fosse o centro da mandala de todos. Com a generosidade ao centro, o próximo círculo pode ser preenchido por ideias úteis sobre como aproveitar melhor o tempo, a energia e o dinheiro da comunidade local. O círculo seguinte pode representar as pessoas que inspirariam esse comportamento ou aqueles que receberiam essa generosidade e assim sucessivamente, até que você perceba que toda a sua vida está sob a influência da mandala e que você se tornou alguém legitimamente generoso.

De volta ao nosso amigo Danny Ocean, ele tinha no centro de sua mandala certo nível de cobiça: cometer um assalto extremamente engenhoso e que traria sua ex-mulher de volta. Assim, o centro da mandala de Danny Ocean era conquistar as coisas para si mesmo. Para atingir seu objetivo, ele construiu uma mandala muito bem elaborada com colegas, diversão e trapaças em torno da sua principal motivação. Atraiu pessoas para a sua mandala sob a promessa do dinheiro e, por fim, sua objetividade e anos de dedicação venceram.

Por outro lado, meu amigo David saiu do emprego alguns anos atrás para abrir uma empresa de consultoria ambiental. Ele sentiu que o maior problema da nossa geração é o aquecimento global e decidiu dedicar-se rigorosamente a conscientizar as pessoas sobre questões ambientais. David enfrentou dificuldades financeiras, reuniões frustrantes com publicitários e investidores, mas, ainda assim, nunca desistiu do seu ideal: trabalhar em benefício do planeta Terra.

Seu objetivo consistia em aumentar a consciência das pessoas em relação ao Movimento Verde. Isso se tornou o centro da sua mandala, o que influenciou seu comportamento e o apoiou para que atingisse a sua meta. Hoje ele pode ver os resultados de seu trabalho nas outras pessoas. Enquanto o trabalho nem sempre parece fiel à sua ideia original, ele foi inteiramente influenciado por centenas ou milhares de pessoas, que agora estão tomando pequenas atitudes a cada dia para reduzir a emissão de gases poluentes.

A meta de aumentar a consciência das pessoas em relação às questões ambientais não só agregou valor à vida de David, como também contagiou as pessoas ao redor dele e as incentivou a tomarem atitudes quanto às questões ambientais.

A característica comum e interessante entre Danny Ocean e meu amigo David é que eles influenciaram as pessoas à sua volta, e nunca tiveram que usar a agressividade para forçá-las a algo. Estabelecer um objetivo central e confiar nele gera um senso de possibilidade e habilidade que atinge as outras pessoas. Você deixa o seu ideal brilhar, e as outras pessoas se sentem atraídas por sua paixão e compromisso.

Para alguns, definir o seu ideal poderá levar a grandes mudanças na vida. Um dia você pode perceber que tudo o que deseja é criar pit bulls e decidir que esse ideal vai guiar a sua vida por um determinado período. Essa decisão trará algumas mudanças para a casa. Porém, se isso lhe trouxer alegria, você poderá dedicar sua vida inteira ao bem-estar dos pit bulls. A questão é que você atravessou a areia movediça da sua mente e encontrou o caminho que o fez sentir-se confiante.

Uma amiga minha entrou em um programa de meditação e decidiu que dedicaria o resto da sua vida a questões espirituais e nunca mais se envolveria em um trabalho mundano. A maioria das pessoas diria: "Ah! Essa é uma causa mais nobre que cuidar de cães!". Na minha opinião, não há nada bom ou mau em ambas as situações, mas sim em pensar dessa maneira.

Quando os meus professores de espiritualidade eram questionados por alunos sobre as suas principais decisões na vida, eu sempre me surpreendia com suas respostas. Mais uma vez eu os ouvia dizer que o que faz a nossa vida espiritual ou mundana não é a nossa vocação, mas sim a nossa visão. Por exemplo, se a intenção da minha amiga que deseja entrar em um convento é se esconder e não precisar trabalhar nunca mais, ela não terá tomado uma boa decisão. Essa seria uma ação anti-*bodhisattva*: seria como se fechar e se esconder de si mesma. Se a intenção dela é cultivar o seu equilíbrio e a sua compaixão com o objetivo de dividi-los com os demais, então talvez ela possa fazer uma tentativa. É a visão dela que torna essa decisao importante.

Muitos de nós não se sentem preparados para progredir e abandonar a rotina. Precisamos nos dedicar ao nosso trabalho em tempo integral e raramente encontraremos tempo para praticar dez ou vinte minutos de meditação por dia. Contudo, com a visão apropriada e a intenção correta, podemos utilizar essa nossa rotina como um suporte para levar uma vida espiritualmente satisfatória.

Discernir e seguir o nosso objetivo é algo mais fácil de dizer do que realmente fazer. Quando desejamos trazer a nossa consciência para as coisas que são importantes para nós, podemos nos distrair. A nossa habilidade de prestar atenção é frágil e podemos passar um dia inteiro sem nos atentar para aquilo que queremos manter no centro da nossa mandala. Contudo, lembrar-se do nosso ideal e prestar atenção nele constantemente é tão valioso quanto a meditação e a *shamatha.* Durante o nosso dia, em vez de voltarmos a atenção para a nossa respiração, podemos redirecionar o foco para o nosso objetivo de vida. Seja ele roubar um cassino ou conscientizar as pessoas sobre o aquecimento global, o importante é seguirmos verdadeiramente o caminho do nosso ideal e nos mantermos nessa trajetória.

Alguns anos atrás, as noções de ladrão e *bodhisattva* eram muito semelhantes para mim. Eu estava saindo do terminal Grand Central em Nova York quando percebi que o ponto de táxi havia mudado de lugar por causa de uma obra. Um homem muito gentil se aproximou e me acompanhou até o ponto de táxi, dizendo que era um expedidor e que poderia me ajudar a pegar um táxi para o aeroporto.

Ao chamar o táxi, o homem me cobrou uma tarifa referente ao trajeto para o aeroporto. O valor me pareceu um pouco abusivo, mas, como eu estava com muita pressa, paguei. O homem se inclinou, falou com o motorista e, aparentemente, entregou o dinheiro a ele enquanto eu entrava no táxi. Assim que fechei a porta, o homem saiu correndo. Eu perguntei ao motorista se aquele homem havia lhe entregado o dinheiro e ele me respondeu que não. Fui enganado. Abri a porta do carro imediatamente e corri atrás do homem, mas ele já tinha desaparecido.

Nas horas que se seguiram da minha viagem de avião para outro país, tive bastante tempo para pensar sobre aquela experiência. Comecei sentindo pena de mim mesmo. Eu havia acabado de me formar na faculdade e não tinha muito dinheiro. Então, comecei a sentir raiva daquele homem. Quem era ele pra levar o meu dinheiro? Aí, pensei em tudo que poderia motivar uma pessoa a aplicar golpes em outras. O homem poderia ser um viciado procurando dinheiro para comprar drogas. Pensei nessa possibilidade por um tempo. Por outro lado, ele poderia estar desempregado, sem nenhum trabalho em vista e com filhos para sustentar.

Percebi que eu nunca saberia por que ele havia tomado aquela atitude. Eu só poderia desejar que a intenção dele fosse usar o dinheiro para beneficiar os outros tanto quanto a si mesmo. Notei que ele me concedeu a oportunidade de observar a vida de alguém não tão feliz quanto eu. Então, agradeci por tudo que eu tinha e passei a entender que aquele homem havia me ajudado a retomar o caminho em direção ao meu objetivo: ajudar os outros. Refletindo sobre aquele acontecimento várias vezes, aprendi muito sobre mim mesmo, e não consigo parar de me perguntar se aquele homem era um ladrão ou um *bodhisattva* disfarçado.

Quando você aprende a identificar quais são os aspectos da sua vida que deseja cultivar e quais são os que você quer deixar de lado, você aprende muito sobre si mesmo. É possível começar a considerar qual será o foco em sua mente. Deseja dedicar-se à sua carreira? Ou deseja levar uma vida com base na compaixão? Ou ainda, quer incorporar a compaixão à sua carreira? Por que essa atividade é importante para você? Você quer deixar o trabalho para dedicar-se aos filhos? Quer seguir uma vida religiosa? Quer passar o tempo cuidando da sua avó?

Com uma postura investigativa a respeito da nossa vida, podemos descobrir como queremos seguir adiante. Também podemos tomar a rota do nosso objetivo e fazê-lo o centro de quem somos. A partir disso, passamos a difundi-lo. Todas as nossas ações podem ser baseadas em nossa principal crença. Quando fazemos isso, nós nos orgulhamos da maneira como vivemos e a nossa vida tem um impacto positivo sobre qualquer pessoa que encontramos.

5. Seja gentil com a Síndrome do Incrível Hulk

Algum tempo depois de começarmos a meditar, passamos a encontrar algumas brechas no meio daquele mar de pensamentos. Começamos a perceber que a nossa mente é essencialmente aberta, limpa e neutra. Porém, por mais revitalizantes que sejam essas experiências, elas não acontecem com tanta frequência quando somos iniciantes na prática da meditação. O que ocorre com frequência no estágio inicial é a manifestação de muitas emoções fortes.

O interessante dessas emoções é que, assim como todos os pensamentos, elas não são consideradas boas ou ruins para a nossa prática de meditação. São apenas um visor energético da nossa mente. São pensamentos com uma forte energia por trás. Quando sentamos para meditar, podemos planejar a nossa próxima festa de aniversário, elaborar mentalmente uma lista para a manhã de segunda-feira, imaginar grandes fantasias sexuais com o barman de nosso bar favorito, ou sentir sono porque chegamos em casa às duas da manhã na noite anterior. Como todas as formas de pensamento, nós os reconhecemos e os enxergamos como algo além do que estamos fazendo e voltamos a atenção para a nossa respiração.

Em seguida, surge uma nova emoção forte. É muito difícil se esquivar dessa emoção porque ela parece incrivelmente real, como uma presença física em nosso corpo. Quando estamos com raiva, esse pensamento faz com que o nosso estômago fique agitado e nossos músculos se contraiam. Quando estamos amando, sentimos certa leveza. Meu exemplo favorito de emoção forte em relação ao amor é o desgosto, porque esse sentimento é tão verdadeiro quanto o nome: quando nos frustramos com o amor, sentimos que todo o gosto por aquela relação é destruído. Há coisas que não são fáceis de controlar e de se esquivar mesmo quando mentalizamos "pensando".

A primeira coisa que devemos fazer é nos conscientizar de que essas emoções não são nossas inimigas. São experiências do cotidiano. Elas são aquela sujeira do copo, quando mexemos a água com a colher. Assim como na situação do copo, as suas emoções não estarão sempre ativas na superfície, a menos que você continue a estimulá-las. Em outras palavras, não são as emoções fortes que o levam à dificuldade, mas sim o fato de você ficar preso a elas.

Às vezes as pessoas confundem o significado da palavra "iluminação" com um estado semelhante ao de um robô, como se ao atingir a iluminação não fôssemos capazes de sentir emoções. Os grandes mestres da meditação que já tive a oportunidade de encontrar são tudo, exceto robôs. Eles têm grandes emoções, mas não ficam presos a elas. Podem sentir o amor e a perda, mas não se apegam a esses sentimentos a ponto de serem consumidos por eles. Eles aprenderam a deixar aquela colher de lado.

A maioria de nós nunca observou o seu lado emocional a fundo. Ficamos facilmente abalados diante de uma situação difícil. Observe o Incrível Hulk, por exemplo. O personagem dos quadrinhos Bruce Banner era um cientista muito educado, mas, quando ficava nervoso, se transformava em um monstro verde, gigante e furioso. Bruce levava o seu dia normalmente quando de repente tropeçava, machucava o dedo do pé e aquilo se tornava a gota d'água. Então, ele começa a se transformar, seu tamanho aumenta, suas roupas rasgam e ele derruba toda a cozinha.

O quanto você se rende à sua emoção é o que pode causar um grande dano. Se Bruce tivesse aprendido a respirar por um momento, sentindo a dor leve por ter machucado o seu dedo sem entrar no círculo vicioso da raiva e de todas as suas consequências, provavelmente ele não teria perdido todo o dinheiro investido em seus apartamentos.

Kleshas

Há uma palavra no sânscrito para a Síndrome do Incrível Hulk: *klesha*. O termo que melhor traduz essa palavra é "emoção conflituosa". Trata-se do conceito de que, quando uma emoção forte nos atinge, nossa mente perde o controle. Há cinco principais maneiras de manifestação das *kleshas*, tradicionalmente conhecidas como:

1. Desejo ou apego
2. Fúria
3. Ignorância ou preconceito
4. Orgulho
5. Ciúme ou inveja

Todos nós já experimentamos essas cinco emoções e sabemos o quanto elas podem ser dolorosas quando nos atingem. Podem até nos paralisar, caso não pensemos em nada mais além delas.

Às vezes, podemos experimentar as cinco emoções simultaneamente. Quando você recebe uma mensagem de texto dizendo que a sua companhia para esta noite não poderá comparecer ao encontro, você pode sentir um turbilhão de emoções. Você pensa: "Eu queria tentar, mas fui rejeitada, então dane-se! Ele é um idiota e eu sou maravilhosa. Mas eu não quero que ele fique com ninguém além de mim!".

Vamos analisar esse caso da Síndrome do Incrível Hulk, ou *klesha*. Você estava decidida a conquistar aquele homem. Até que você recebeu a mensagem de texto e ficou transtornada. Em vez de se concentrar no momento antes que a raiva começasse, você se rendeu ao lado negro da situação: "É por minha causa". Você se sentiu rejeitada, o que a levou à raiva: "Dane-se!". Então, para diminuir aquela dor, você seguiu para outra forma da *klesha*, conhecida como preconceito: "Ele é um idiota!". Você tinha que proteger a sua vaidade, então recorreu ao orgulho: "Eu sou maravilhosa". Depois, contornou toda a situação com o ciúme, como se quisesse completar todo o curso da *klesha*: "Eu não quero que ele fique com ninguém além de mim!". Nesse ponto você já se transformou em um gigante verde e está chutando árvores por aí.

Se você tivesse parado para se analisar antes de entrar nesse círculo vicioso, teria reagido de uma maneira mais gentil com aquela pessoa, resgatando a possibilidade para futuras relações. Não é impossível fazer isso. O simples fato de observar antes de se render às emoções conflituosas é... adivinhe, adivinhe... A prática da meditação!

Quando estamos na almofada de meditação e uma emoção forte se apossa de nós, a primeira coisa a ser lembrada é o que estamos fazendo: estamos aprendendo a permanecer no presente com o nosso visor emocional e a não ficar preso a ele. Se você está pensando no quanto fica furioso quando o seu chefe pede para ficar até mais tarde no trabalho todos os dias, tente voltar à sua respiração. Veja se funciona. Observe se essa emoção vem à tona novamente e, em caso positivo, se ela vem mais forte. Tente compreender os motivos pelos quais o seu chefe lhe pede que permaneça no trabalho até mais tarde e observe a emoção implícita.

Como estamos acostumados a nos render a essas emoções, pode ficar cada vez mais difícil voltar ao momento presente. Neste caso, reserve um minuto para a prática da contemplação e examine a situação. Pense: "Por que fiquei nervoso quando lembrei que o meu chefe me pediu para ficar até mais tarde? Ele nem está aqui! E eu nem estou no trabalho! Esse não é meu foco neste momento". Então, tente voltar sua atenção para a sua respiração.

Talvez não funcione para você. Se for o caso, pare a meditação e tente localizar fisicamente a sua raiva. É importante não se deixar levar pela análise de cada dor em nosso corpo. Apenas defina um tempo, cinco minutos talvez, e, depois, volte a praticar a *shamatha*.

Durante esses cinco minutos, tente identificar onde a raiva reside no seu corpo. Está no músculo do braço? No estômago? Cabeça? Ela é sólida ou fluida? Tem cor? Forma? Esta análise poderá ajudá-lo a perceber que a emoção não está presa a nós, tampouco é tão consistente como inicialmente a sentimos.

Se nenhum desses passos ajudar, pode ser que não seja o melhor momento para meditar. Faça algo para relaxar o corpo que, consequentemente, relaxe a sua mente. Você pode tomar um banho quente, sair para passear ou beber uma xícara de chá quente. Então, quando sentir-se mais bem preparado, tente voltar à almofada de meditação. Meu mestre Sakyong Miphan Rinpoche é o responsável pela linhagem da Shambhala budista. Ele sempre diz: "Conhecer o melhor momento para meditar é uma meditação honesta". Aplicar o método correto com o intuito de trabalhar o rompimento das suas emoções é sinal de que você está empregando a gentileza do tigre.

Ao praticar a meditação, estamos trabalhando com a energia da nossa emoção e passamos por uma experiência transformadora. Estamos aprendendo a conhecer nossas emoções. Não devemos de repente abandonar a nossa almofada de meditação a cada vez que sentirmos que a prática está ficando muito intensa, e voltar a agir de acordo com a nossa emoção. Ao mesmo tempo, não precisamos rejeitar totalmente as nossas emoções e considerá-las um aspecto negativo da nossa mente. Permanecer suavemente relaxado com o nosso estado emocional é o meio-termo entre esses dois caminhos. Mantendo a energia das nossas emoções, aprendemos a vê-las como um reflexo de nossa mente.

Renúncia

Enquanto a almofada de meditação for o principal campo de treinamento do nosso estado emocional, é importante refletir sobre como as nossas emoções nos afetam durante as demais horas do dia, quando não estamos meditando. Estamos muito acostumados a responder diante de qualquer emoção que invada o nosso pensamento. Isso significa que somos rápidos para compreender uma piada ou para reagir quando somos ameaçados. Na maioria das vezes, machucamos as pessoas quando deixamos a nossa emoção solta, como se fosse um cachorro feroz sem coleira.

Felizmente, não muito diferente de um cão malcomportado, podemos pôr os pés no chão e dizer "não". É possível renunciar. Por meio da gentileza do tigre, aprendemos a perceber quando surge o impulso e conseguimos praticar a bondade, pois não reagimos imediatamente diante da emoção. Podemos fazer o mesmo em relação à nossa prática de meditação e retornar ao momento presente. Então, quando vemos na vitrine uma roupa que não podemos comprar, a coisa mais sensata a fazer é não sustentar o desejo de comprá-la. Se comprarmos, a nossa conta bancária acabará no vermelho, nossos amigos terão de pagar o jantar e terminaremos a noite infelizes.

A renúncia é um princípio do budismo que muitas vezes é mal compreendido. Não é uma questão de desistir de tudo aquilo que é prazeroso em nossa vida para levar uma vida chata e sem graça. Pelo contrário; renunciar é empregar o discernimento do tigre em nossas vidas, reconhecer os aspectos que desejamos cultivar, bem como aqueles que queremos rejeitar. A partir disso, podemos aos poucos nos livrar daquilo que nos faz mal.

Quando nos deparamos com alguém que realmente nos irrita, renunciar significa que aprendemos que ceder ao conflito emocional apenas aumenta a tensão desse relacionamento. Assim, quebramos aquele circuito emocional e o encaramos com gentileza; ou, quando não é possível, nos afastamos da possibilidade de explodir diante daquela emoção. Em ambos os casos, estamos reconhecendo o nosso estado emocional e não ficamos presos no ponto que nos causa sofrimento.

A habilidade de manter as emoções fortes internamente é o resultado direto da prática da gentileza do tigre. No nível externo, você não permite que essa emoção se exceda e se torna gentil consigo mesmo e com aqueles que estão à sua volta. Essa é uma solução temporária; a emoção surgirá novamente. Eis a razão de trabalharmos para desenvolver uma relação com as nossas emoções no nível interno, utilizando a gentileza proporcionada pela prática de meditação.

Ao ser amigável consigo mesmo, você aprende a não rejeitar a sua experiência presente. Você pode permanecer no presente e aprender com essa emoção. Com o passar do tempo, a sua capacidade de permanecer presente mudará a maneira como você se relaciona com as suas emoções. Você não precisa temê-las, tampouco se surpreender com elas; é possível conservar a energia por trás delas e não travar uma guerra consigo mesmo.

Exercício para trabalhar com as emoções

No passado, quando eu me deparava com uma emoção forte que me abalava, esses passos se tornaram algo extremamente útil para mim.

1. Medite por dez minutos e permaneça atento.
2. Após o término da meditação, identifique a primeira emoção que surgiu durante a meditação. Pode ser uma situação recente que trouxe uma emoção forte ou talvez alguma situação do passado.
3. Sente-se e escreva sobre a situação. Descreva como se sentiu. Não escreva apenas "preocupado", "nervoso", ou "aborrecido"; seja mais específico e descreva as características da emoção em detalhes. Olhe diretamente para ela e a investigue.
4. Deixe a caneta de lado e volte a sua atenção ao seu corpo. Como está se sentindo agora? A emoção está presente? Se sim, onde ela está localizada no seu corpo? Você consegue manter esse sentimento ou é algo muito dolorido?
5. Escreva um pouco sobre como percebe essa emoção agora. Mantenha-se gentil, mas examine a diferença entre a experiência da emoção durante e após a meditação.

6. Volte para a almofada de meditação e permaneça nela por mais cinco ou dez minutos. Note se a emoção surge novamente e tente as técnicas mencionadas neste capítulo para examiná-la melhor.

Não importa o que aconteça durante o exercício, lembre-se de manter a gentileza consigo mesmo.

Se você estiver meditando com regularidade e dando o melhor de si para lidar com as emoções, mas ainda sente que elas o perturbam e o abalam, você precisa ser paciente e lembrar que a mudança interna não acontece da noite para o dia. Observando o nosso estado emocional, aprendemos lições valiosas sobre como caímos na armadilha da Síndrome do Incrível Hulk e o que nos permite evitar essas emboscadas no futuro.

6. Esta é a ocasião

Na prática de meditação, não tentamos atingir algo surreal – muito pelo contrário. Estamos apenas vivenciando a nossa experiência presente, seja ela qual for.

Pema Chödrön

A meditação é um processo de autodescoberta. O objetivo não deve ser alcançar o estado da perfeição perseguindo algo além do que somos. Aprendemos a ser o que já somos: perfeitos. Possuímos a bondade fundamental, mas fomos absorvidos por tantas camadas de confusão e hábitos pessoais que nem sempre nos lembramos dessa condição original.

Essas camadas de confusão manifestam-se de diversas maneiras e nos afastam do momento presente, dividindo o mundo entre "nós" e "eles". Quando estamos diante de uma grande fila no aeroporto, pensamos: "Quem é o responsável? Eles deveriam ter previsto que haveria muita gente aqui; as pessoas reservam a sua passagem com meses de antecedência. Como podem ser tão despreparados?". A palavra-chave nessa situação é "eles". Você está certo, "eles" estão errados. O velho e obsoleto "eles" está sempre errado.

O problema é que, quando chegamos à frente da fila e nos deparamos com um funcionário estressado que está apenas tentando auxiliar todos a embarcarem, o nosso coração amolece. "Eles" não estão mais errados. É apenas uma pobre pessoa tentando ser generosa conosco. Quando desviamos o nosso pensamento do incômodo e o trazemos para o momento presente, percebemos que as pessoas sofrem assim como nós. Todos estão tentando embarcar. Aquele funcionário está fazendo o melhor que pode. A melhor forma de ajudar em uma situação como essa é apenas se manter presente com todos os envolvidos e se oferecer da maneira como você é. E, considerando que você é essencialmente bom, você já tem muito a oferecer.

A precisão do tigre tem a sua função aqui, assim como as demais qualidades desse animal. Ao seguir o exemplo do tigre, mantemos o nosso principal objetivo: permanecer presentes em cada detalhe de nossa vida. Sempre direcionamos o nosso pensamento para algo, seja o almoço de hoje, o tipo de roupa que queremos comprar ou o quanto estamos preparados para percorrer o longo caminho. Voltemos o nosso pensamento para o que está acontecendo agora.

Até o momento, nos referimos à prática da meditação como um tempo que reservamos para concentrar o pensamento em nossa respiração e assim a utilizarmos como apoio para nos manter no momento presente. Sakyong Mipham Rinpoche sempre brinca que, se não aplicamos a disciplina durante a nossa prática de meditação, estamos simplesmente sentados, esperando o ônibus passar. Em ambos os casos, estamos ali parados, sem nos mexer; o que muda é apenas a localização.

Podemos contornar essa situação. Quando estamos esperando o ônibus, podemos aproveitar para praticar a *shamatha* por alguns minutos. Embora o ambiente seja mais barulhento do que a nossa casa, é uma maneira de permanecer presente em meio a um dia tão cheio.

Na prática, qualquer coisa em nossa rotina pode virar meditação. Não precisamos parar o que estamos fazendo a cada cinco minutos para voltar à nossa respiração. Podemos realizar todas as nossas tarefas integralmente. É possível concentrar o nosso pensamento no momento em que estamos penteando o cabelo e fazer isso com precisão, em vez de manter a atenção nos pensamentos acelerados. Podemos nos vestir cuidadosamente pela manhã e sentir satisfação naquele momento, em vez de ficar pensando no que precisamos fazer durante o dia. Ao final do dia, podemos escovar os dentes e realizar essa tarefa muito bem, em vez de ficar pensando em tudo que aconteceu antes daquilo.

Quando entramos em sintonia com a nossa vida, nos surpreendemos com a satisfação que sentimos. Como Chögyam Trungpa Rinpoche disse certa vez:

> A melhor maneira de experimentar o agora é perceber que cada momento, cada exato momento da sua vida, é sempre a ocasião. Então, é muito importante observar onde você está e o que você é. É por isso que a sua situação familiar e o seu cotidiano são tão importantes. Você deve considerar o seu lar como sagrado, uma oportunidade de ouro para sentir o agora. Apreciar o sagrado se torna algo muito simples quando você se interessa por todos os detalhes da sua vida.

Utilizar-se da precisão do tigre é como ter orgulho de todos os elementos básicos da sua vida. De vez em quando, eu saboreio uma boa carne. Mais especificamente, eu gosto de ir ao supermercado, escolher a carne, levá-la para casa, temperar, ficar atento ao seu cozimento, deixá-la reservada por algum tempo para então mastigá-la bem devagar. Enquanto, para muitos, cozinhar uma carne é uma coisa comum, creio que eu não sentiria a mesma satisfação ao comê-la se tivesse simplesmente feito o pedido em um restaurante. Direcionar a minha mente para a precisão e a atenção plena ao cozinhar a carne é o que me permite saboreá-la com tanto prazer.

Se permitirmos que a precisão do tigre penetre nas coisas básicas da nossa vida, tal como vestir-se pela manhã ou preparar o jantar, a nossa atitude muda. Como Chögyam Trungpa Rinpoche escreveu, passamos a tratar o nosso mundo como sagrado. Estamos pegando o simples e tornando-o extraordinário por meio da apreciação. O "extra" vem do simples fato de apreciarmos as coisas como elas são. Estamos enchendo os diversos momentos do nosso dia com o senso de sagrado apenas por considerar cada atividade digna de toda a nossa atenção.

Estar presente no momento de cozinhar uma boa refeição é uma maneira informal de meditação, mas também uma excelente forma de prática, pois estamos rompendo os nossos pensamentos fixos, assim como quando praticamos formalmente a *shamatha*. Estamos reservando um tempo que nos distancia do circuito de pensamentos que permeia a nossa mente. A nossa atenção nesse tempo está voltada para o nosso "eu".

Boa parte da nossa dor vem de olhar nossa vida com a mentalidade do "eu" *versus* "o mundo". Acreditamos que é necessário lutar contra a nossa rotina e que, se a nossa presença não for observada, as pessoas passarão por cima de nós. Gastamos muito tempo do nosso dia pensando no que precisamos fazer, porque ficamos preocupados em estragar tudo. Pode ser extremamente exaustivo viver assim.

Precisamos ponderar as nossas opiniões e expectativas. Tratar o nosso mundo como sagrado é uma forma de relaxar.

Pode ser revitalizante reservar um tempo apenas para permanecer presente no mundo à nossa volta e observar a beleza da vida. Podemos estar presentes em nosso cotidiano e nos alegrarmos ao ver duas crianças dançando no metrô. Esta experiência nos traz satisfação. Não precisamos procurar o grupo de dança mais exótico do mundo; podemos apreciar o que está bem à nossa frente.

Quando praticamos a precisão e a verdadeira presença, situações difíceis podem surgir. A nossa vida não se resume a uma porção de carne ou a crianças dançando. Ela também é doença, traição e morte. Para a maioria de nós, a reação natural diante destes aspectos da vida é o recolhimento. Queremos dizer: "Isso não é pra mim. Vou direcionar a minha mente para coisas mais agradáveis até que essa situação se resolva".

Todos nós temos as nossas fugas. Alguns assistem à TV, outros roem as unhas, outros usam drogas. Contudo, quando nos rendemos ao nosso plano de fuga e pensamos que fizemos muito bem o nosso "trabalho" de mascarar a situação difícil, a dor continua. Ela está lá, apenas esperando pelo momento em que teremos de encará-la.

A meditação que estamos praticando é útil para esse tipo de situação. É como quando o Rocky está tentando subir os degraus do Museu de Arte da Filadélfia. Ele treina, treina e, em determinado momento do filme, você pensa: "É isso? Ele vai levar muito tempo!". Então, ele entra no ringue e precisa lutar contra o seu adversário, Apolo Creed. Nesse momento, Rocky tem de enfrentar a realidade para a qual vem se preparando. Aí o filme começa a ficar interessante.

Com a nossa vida não é diferente. Quando sentamos para meditar por dez ou vinte minutos por dia, estamos treinando. Estamos subindo os degraus da nossa mente. Para não acharmos que a meditação está ficando chata, algo muito doloroso surge e nos desperta da nossa rotina. Podemos receber uma ligação no meio da noite informando que o nosso pai está no hospital porque teve um infarto. Nesse momento, temos de entrar no ringue com a nossa dor. Precisamos encará-la de frente, como verdadeiros guerreiros.

O curioso é que a melhor maneira de nocautear a nossa dor é não fazer nada. Em vez de ficarmos nervosos ou de a ignorarmos, tudo o que precisamos fazer é permanecer no presente, em contato com o que estamos sentindo. A dor pode nos golpear várias vezes na barriga. Podemos até sentir enjoo. Porém, ao permanecer presente com a nossa dor, ela se esgota. Ela começa a diminuir, vacila e se dilui. Se não nos entregarmos à nossa dor e nos permitirmos apenas senti-la, iniciamos um processo de cura interior. A dor nos purifica como uma onda e chegamos do outro lado da praia nos sentindo melhor.

O guerreiro que incorpora o tigre percebe que, às vezes, a melhor coisa a fazer em determinada situação é não fazer nada. Quando o seu pai está em prantos porque acha que vai morrer, a atitude mais piedosa não é fazer uma lista com a dieta dele, que deve ser adaptada para prevenir um novo ataque do coração. Seu pai pode apenas precisar de alguém para desabafar, e a melhor coisa a fazer é sentar e ouvi-lo.

Ouvir é uma arte perdida em nossa sociedade. O tigre sabe como fazer isso. Mesmo dormindo, ele é capaz de ouvir todos os sons da selva. Então, conhecendo muito bem a área, ele sabe exatamente quando e como atacar. Assim como ele, nós também podemos ouvir mais atentamente as pessoas que amamos e aprender quando devemos agir ou não – e, na maioria dos casos, esta última opção é a melhor.

Em algum momento, você poderá ser a companhia de alguém que está prestes a morrer. Diante dessa situação, é provável que você queira dar uma volta e levar todos os tipos de revistas e de diversão a essa pessoa em seu leito de morte; assim nenhum de vocês terá de encarar a situação real. Essa fuga emocional muitas vezes torna o processo mais difícil. Em vez disso, você pode aprender com o exemplo do tigre e simplesmente não fazer nada além de permanecer presente com aquela pessoa. Você pode se sentar e segurar a mão dela. Podem conversar a respeito de suas experiências. Você se oferece por inteiro, como você é. Esta é a autêntica gentileza.

Quando estamos vivenciando uma experiência prazerosa, dolorosa ou mesmo mundana (do mundo), podemos transformá-la em um momento sagrado apenas permanecendo presentes. Não devemos nos recolher ou rejeitá-la toda vez. Podemos aceitá-la como o campo de treinamento do guerreiro. Por meio da precisão de nossas ações e ao treinar a arte do "não consertar tudo", entramos em contato com a nossa bondade fundamental.

A confiança em nossa bondade fundamental brilha como uma luz no fim do túnel. Essa forma de confiança em nós mesmos e na sacralidade do nosso mundo é a manifestação da nossa própria perfeição. Essa confiança sempre esteve lá, mas estamos finalmente permitindo que ela brilhe.

7. Preste atenção aos detalhes da sua vida

Até agora falamos sobre a relação entre você e a sua mente no seu espaço de meditação e fora dele. Mas, e as aplicações práticas da nossa disciplina? Como as qualidades do tigre interferem em nosso trabalho, em nossa casa, em nossas roupas, em nosso dinheiro, em nosso corpo e nas viagens que fazemos? Analisemos melhor os aspectos fundamentais desses ensinamentos para que possamos aplicá-los.

Nosso trabalho

Quase todo mundo sente um alto nível de estresse e se sente pressionado em função do trabalho ou dos estudos. Muitos chegam a um nível de pressão tão alto que extrapolam os seus limites. O antigo ensinamento budista nos ensina que devemos encarar a fúria em nossa vida oferecendo espaço a ela.

Imagine um touro encurralado na arena de um rodeio. Ele é provocado e começa a ficar furioso. Sua reação é chutar e se debater. A pessoa que tenta montar o animal sente muita dificuldade em controlar a sua fúria. Porém, se levarmos este touro para um campo aberto e o soltarmos, ele correrá pelo campo inteiro até se cansar.

Todos nós somos como esse touro. Quando o nosso colega de trabalho está nervoso, temos duas escolhas. Podemos entrar na situação com essa pessoa e observar por quanto tempo conseguimos montar esse "touro", antes de sermos arremessados ao chão. Ou podemos dar espaço a ela para que desabafe até se cansar.

O guerreiro que incorpora a gentileza do tigre confia nessa disciplina. A confiança vem da experiência. Você mesmo pode tentar e observar se funciona. Se alguém surtar na sua frente, você poderá dizer: "Ei, é melhor tomar cuidado! Se você continuar me pressionando serei cada vez mais gentil com você. Você não vai querer me ver assim!". Este é o antídoto para não nos rendermos à Síndrome do Incrível Hulk. A pessoa pode se mover de um lado para o outro, enfurecida, mas você vai simplesmente vencê-la pelo cansaço. Você possui energia ilimitada para encarar as situações difíceis, assim como não cai na armadilha das emoções fortes e sabe como não reagir a elas.

Nossa casa

Muitos de nós vemos a nossa casa como um esconderijo, um refúgio contra a solidão, onde podemos escapar da atenção plena e da gentileza. É a nossa fuga. O caminho da meditação nos ensina que não há como escapar. Se realmente queremos crescer como seres humanos, precisamos tratar cada ambiente em que estamos, inclusive a nossa casa, como um lugar para a prática.

Quando iniciamos o caminho da meditação, é muito importante criar um ambiente que motive a atenção plena da nossa existência. Há um termo tibetano, *drala*, que pode ser traduzido como "energia acima da fúria". Essa energia é inerente à nossa existência e ao nosso meio. Ela se faz presente sobretudo quando prestamos atenção ao que acontece à nossa volta. É a energia que podemos experimentar quando estamos ligados não ao nosso murmúrio interno, mas ao nosso meio.

Pense um pouco sobre como você se sente quando acorda pela manhã e o seu quarto está uma bagunça. Você vai até o banheiro tropeçando e, como desvia de uma pilha de roupas que está no caminho, derruba o seu notebook e acaba chutando-o contra a parede. Você acordou há apenas dois minutos e já está reclamando.

Agora, imagine você acordando em um quarto em perfeitas condições. Você caminha livremente pelo ambiente, se olha no espelho e sorri. *Drala* é a energia produzida quando você se atenta aos detalhes da sua vida de tal forma que tudo ao seu redor tem um brilho.

Assim como o tigre, podemos utilizar a precisão em nosso meio e consequentemente exercer a nossa majestade sobre ele. Há milhares de coisas que podemos fazer em nossa casa que trarão o senso de dignidade para onde estivermos. Observe o seu quarto. Claro que investir em porta-retratos e em obras de arte traz vida nova ao ambiente. Você sabe que o quarto ficará mais espaçoso se as suas roupas estiverem organizadas e se o lençol estiver arrumado em vez de embolado no chão.

Essas atitudes são simples, mas sempre nos falta disciplina para realizá-las. Direcionar a atenção para a nossa casa e criar um ambiente sagrado nos eleva e permite que a prática da plena atenção flua naturalmente.

Nossas roupas

Outra forma de atrair a energia *drala* é por meio das roupas que vestimos. As revistas da atualidade nos ensinam que, se queremos um bom visual, precisamos de alguns milhares de dólares para encher o guarda-roupa. Não é o nosso caso. Se você encontrar qualquer mestre tibetano, perceberá que ele tem uma aparência radiante mesmo com trajes simples. Esse brilho que resplandece é *ziji*, na tradição tibetana. *Ziji* pode ser traduzido como "confiança brilhante". A aparência sublime e digna desses mestres é o resultado da confiança em sua bondade fundamental.

Você também pode ter uma aparência radiante ao aplicar as qualidades do tigre. Ele observa a paisagem e escolhe a sua ação cuidadosamente. Você pode analisar o seu guarda-roupa, verificar o que deseja e sair para comprar aquele item especificamente. É possível levar o discernimento para o shopping e escolher peças bonitas que tenham preço acessível. Também podemos observar o material de cada peça. Quando chegamos a esse nível de cuidado, nos sentimos bem em relação às roupas que escolhemos. Não há sentimento de culpa porque não estamos estourando o limite do cartão de crédito e tampouco comprando itens desnecessários. Trazemos a satisfação para a nossa vida quando vamos ao shopping fazer compras com a atenção plena.

Ao vestir aquela roupa, vamos nos orgulhar do nosso visual seja qual for a ocasião. Podemos nos responsabilizar por nossa aparência aparando a barba, engraxando os sapatos e nos arrumando de maneira apropriada. Não somos mais bebês. Nossas mães não vão aparecer de repente para se certificarem de que estamos com um bom visual. Cabe a nós nos orgulharmos da maneira como nos apresentamos ao mundo.

Quando saio sozinho, sempre uso boas roupas. Mesmo que eu não vá encontrar ninguém, me sinto feliz ao vestir essas roupas pela manhã. Quando me olho no espelho, fico satisfeito ao ver o aspecto limpo e vibrante das cores. Você não precisa se vestir para impressionar os outros. Pelo contrário: vista-se para impressionar a si mesmo.

Nosso dinheiro

Há uma compreensão equivocada de que, como praticantes da meditação, não precisamos nos importar com o dinheiro. A nossa espiritualidade é uma coisa e a forma como ganhamos o pão é outra – que não vem ao caso. Se você acredita que pode aplicar esses ensinamentos apenas para alguns aspectos da sua vida, não está percebendo o sentido exato da meditação. Você é responsável por investigar a sua relação com o dinheiro.

Tenho encontrado poucas pessoas que se relacionam bem com o dinheiro. Muitos vão ao caixa eletrônico, sacam um pouco e rapidamente se livram do extrato para não encarar a realidade do saldo da conta. Então, pegamos a soma do que recebemos e gastamos sem muita consciência. Dois dias depois, começamos a nos perguntar para onde foram aqueles cem reais. É um sinal de uma relação não saudável com o dinheiro – e, com o passar do tempo, esse comportamento irá nos causar frustração e autocrítica.

Você pode cultivar uma atitude compassiva em relação à sua realidade financeira. Pode parar de ignorar como você se sente a respeito dela e aplicar o discernimento, a gentileza e a precisão do tigre para se relacionar com o seu dinheiro.

Este primeiro passo consiste em ter certa curiosidade e atenção à sua situação financeira com o intuito de enxergá-la mais claramente. Você pode contemplar a sua intenção sobre como deseja gastar o dinheiro. A partir desse ponto, você aplica o discernimento do tigre determinando quais direções você quer tomar e quais quer evitar. É possível verificar o seu extrato bancário e fazer o rascunho de um orçamento. Seja gentil consigo; se você gastar demais em um dia, não há motivo para pânico. Apenas aprenda com essa experiência e siga adiante.

À medida que continuamos a observar a nossa relação com o dinheiro, desenvolvemos mais consciência e mais flexibilidade conosco. Vemos que, com um pouco de esforço, podemos manter as nossas finanças sob controle e equilibramos o uso do cartão de crédito. Podemos nos alegrar diante do nosso extrato bancário e de nossos hábitos de consumo. Nós já não tememos o dinheiro porque o tornamos uma parte do caminho a ser percorrido.

Nosso corpo

O tigre está em total sintonia com o seu corpo. Se você já teve a oportunidade de observar um tigre de perto, pôde notar como ele se sente confortável em sua própria pele. Isso acontece porque ele sabe o quanto é importante permanecer atento ao seu bem-estar físico.

Imagine acordar após apenas algumas horas de sono e perceber que está atrasado. Não há tempo para praticar aquela sessão de meditação que você havia previsto. Você pula da cama, se veste depressa, corre para o trabalho, trabalha tanto que se esquece do horário do almoço, chega em casa ao final do dia e se joga no sofá, exausto. Você planeja ir à academia depois do expediente, mas a essa altura você já não tem nenhuma energia; enrola o resto da noite, acaba indo dormir tarde e repete o ciclo no dia seguinte.

Isso lhe parece familiar? Você não tem nenhuma energia física ou mental porque você não se preocupou com o seu corpo. Não importa quão atrativo seja aquele comercial de energético, nenhuma bebida fará com que você escape ileso e se mantenha disposto após um dia agitado. Você só conseguirá isso cuidando de si mesmo.

Uma maneira de acabar com o excesso de atividades do seu dia é incluir o que chamamos de regozijo. Certificar-se de que estamos cumprindo estas quatro atividades em nossa rotina nos concede energia para o que vier à nossa frente. São elas:

1. Comer
2. Dormir
3. Meditar
4. Exercitar-se

Ainda que essas quatro ações não sejam nenhuma novidade para ninguém, a maioria de nós acaba pulando uma refeição, reduzindo as horas de sono ou acreditando que pode fugir do sono. Pensamos que o nosso corpo não vai notar. Continuamos dizendo: "Amanhã eu vou fazer tudo isso". Meses mais tarde, percebemos que estamos esgotando os "amanhãs". Precisamos cuidar do nosso corpo hoje.

A dica é encontrar uma forma de reduzir o seu ritmo o suficiente para encaixar esses quatro regozijos e, o mais importante, apreciá-los. Se você sabe que a sua manhã é sempre muito ocupada, pode utilizar o discernimento quando for à mercearia. Você pode comprar os alimentos que não necessitem de cozimento para o café da manhã, como uma banana ou um cereal, por exemplo. Assim não haverá desculpa para sair em jejum. Mesmo que você esteja comendo uma barra de cereal no trem, tente concentrar a sua atenção para o ato de saborear a sua comida e evite pensar em outras coisas.

Todos nós temos uma ideia da quantidade de horas que precisamos dormir e, ainda assim, nos enganamos até o ponto em que ficamos exaustos ou, quando acordamos tarde, nos atrasamos e aceleramos o nosso dia para recuperar o tempo.

Em ambos os casos, acabamos como um zumbi. Uma vez que sabemos quanto devemos dormir, podemos aplicar o nosso senso de disciplina e banir as outras atividades, certos de que estamos zelando por nossas necessidades básicas.

No mundo ideal, poderíamos acordar e meditar por uma hora antes de sair para o trabalho. Mas isso não acontece com frequência. Mesmo espremendo dez minutos antes de começar o dia, ou dez minutos ao chegar em casa à noite, você está rompendo o ritmo da sua rotina, e isso lhe trará energia para seguir adiante com todas as suas atividades.

Exercitar-se é empenhar o corpo de uma forma diferente da que fazemos durante nossa atividade normal. A maioria de nós passa o dia inteiro sentado. Levantar e correr é um excelente presente para você mesmo. Você se liberta da letargia e desperta um sentimento de energia. Sair para correr também pode libertá-lo do hábito de permanecer sempre com o pensamento acelerado.

Se você acha que não tem tempo para praticar corrida ou para ir à academia, faça algo simples. Se conhece *yoga*, pode levantar da sua cadeira e praticar algumas posturas simples. Se a *yoga* não é bem o seu negócio, faça um alongamento ou pratique polichinelos. Reservar cinco minutos do seu dia para exercitar o seu corpo pode lhe trazer mais energia do que um Red Bull.

Mesmo que esses quatro regozijos sejam tremendamente simples, ao incluirmos todos eles em nosso dia, ganhamos a força necessária para seguir em frente com cautela e confiança.

Viagens

Que todos aqueles que perdem o seu caminho e vagueiam
possam, na natureza, encontrar companheiros de viagem.
Que estejam a salvo das ameaças de bandidos e feras,
e que sejam incansáveis em sua jornada de luz.

Shantideva

Para muitos, viajar é uma experiência de ansiedade. Um dos meus professores, Khenpo Tsultrim Gyamtso Rinpoche, certa vez comentou que, quando era jovem, algumas pessoas poderiam até não gostar de viajar, mas não precisavam ter medo de voar e de morrer em grandes grupos. Esta frase pode deixar alguns de nós ansiosos. Entre o medo de voar e o forte esquema de segurança que encontramos em aeroportos e estações de trem, viajar tornou-se uma provação.

O importante é aplicar a gentileza do tigre nessas situações. Você pode ser gentil consigo mesmo e utilizar as técnicas apresentadas no Capítulo 5 em qualquer situação de ansiedade. Também deve tentar permanecer presente com todos aqueles que encontrar. Pode ser o passageiro ao seu lado no voo ou o atendente responsável pela bagagem, cujo trabalho é lidar com pessoas aborrecidas que perderam as malas. Espalhar a semente do seu próprio equilíbrio e oferecê-la a essas pessoas é um ato maravilhoso de gentileza.

Há muitas outras formas de aplicar as qualidades do tigre em nosso caminho de guerreiros. Você pode se perguntar: “Que tipo de roupa um guerreiro que incorpora o tigre deve vestir?”. Em minha opinião, diria que tons terrosos e clássicos, mas isso não depende de mim. Ainda que eu possa fazer sugestões sobre a aplicação desses ensinamentos, cabe a você, e somente a você mesmo, determinar como aplicá-los à sua vida.

Você pode cometer erros no caminho. Se for esse o caso, significa que você se uniu ao grupo de praticantes da meditação que existe há milhares de anos. Cada mestre de meditação do passado viveu aprendendo com seus erros e aplicando as qualidades do tigre para despertar coração e mente. Suas histórias de transformação interna são inspiradoras, porque metade do tempo dessas histórias refere-se a como eles sofriam.

Temos um longo caminho pela frente e, à medida que o percorremos, os nossos erros devem ser reconhecidos e a nossa disciplina, aplicada. Podemos aprender com os mestres do passado e não devemos desanimar com a caminhada apenas porque somos pessoas comuns e estamos há poucos meses na estrada. Apesar de sermos pessoas comuns, somos muito mais gentis e estamos muito mais atentos do que antes, o que já é um começo.

O nosso caminho não apenas inclui, mas é, acima de tudo, *baseado* no fato de que devemos aplicar as qualidades do tigre em nossa casa. Como Sakyong Mipham Rinpoche já disse: "O ambiente é um suporte ou um impedimento para o que desejamos fazer. Tudo em nosso meio – comida, roupas, lugares, tempo, compaixão ou inveja dos outros – nos afeta". Prestar atenção aos detalhes do seu meio é um passo primordial para a jornada do guerreiro. Quando começamos a agir em conjunto, podemos fazer o bem para o mundo à nossa volta.

Parte 2

Como salvar o mundo

8. Uma sociedade baseada em corações compassivos

Você pode ajudar o mundo. Você, você, você, você, você e você – todos vocês – podem ajudar o mundo. Vocês sabem quais são os problemas. Vocês conhecem as dificuldades. Vamos fazer alguma coisa. Não vamos nos acovardar. Vamos agir! Por favor, por favor, por favor!

Chögyam Trungpa Rinpoche

Em 2003, Sakyong Mipham Rinpoche convocou os jovens membros da tradição da Shambhala budista para um retiro de uma semana. Duzentas pessoas se apresentaram, aguardando ansiosamente os conselhos de Sakyong. Alguns esperavam por uma orientação em relação a alguma profissão que deveriam seguir. Outros estavam imaginando que ele fosse falar sobre os tipos de relação amorosa que desejavam. Outros esperavam ainda orientações sobre como levar uma vida saudável com base no budismo.

Após aguardar o que parecia uma eternidade, Sakyong se sentou, olhou para a multidão e, em vez de receitar algum manual de instruções da vida, disse: "Vou criar uma sociedade de luz. E vocês irão me ajudar nessa missão, certo?".

A multidão, como era de se esperar, ficou muda diante da sua declaração. Ele se inclinou e insistiu: "Certo?".

Nós respondemos sem titubear: "Claro!".

Criando uma sociedade iluminada

A ideia de sociedade iluminada não se refere a uma comunidade mágica onde todos alcançaram o nirvana, conquistaram o trabalho ou o relacionamento perfeitos. Uma sociedade feliz é, na verdade, algo muito prático: é uma sociedade baseada em pessoas de coração compassivo. Durante a vida de Buda, o rei Dawa Sangpo abordou O Iluminado e disse: "Preciso de ajuda para governar o meu reino. Quero seguir uma vida espiritual, mas não posso pegar as minhas vestes e deixar os meus súditos para trás".

Buda então pediu a seus monges que se retirassem da sala e concedeu o que chamamos de ensinamentos *Kalachakra* a Dawa Sangpo. Após receber essas instruções detalhadas de Buda, o rei soube como governar com benevolência e gentileza. Ele voltou para casa e cuidou de seu reino de uma maneira que inspirou todos os seus súditos. Todos foram motivados a deslocarem a atenção de suas próprias preocupações e a pensarem no bem para a sociedade como um todo. O reino, que passou a ser conhecido como Shambhala, era um território onde todos viviam de forma equilibrada e compassiva.

É uma experiência magnífica ser aluno de alguém tão grandiosamente espiritual como Sakyong Mipham Rinpoche e ouvi-lo pedir: "Eu vou trabalhar para construir essa sociedade iluminada. Você vem comigo?". Muitos praticam a meditação apenas porque estão estressados ou porque querem cuidar um pouco mais de si mesmos. Todavia, em um determinado ponto de sua trajetória espiritual, você não pode mais ignorar todo o sofrimento à sua volta. A compaixão floresce naturalmente quando você passa a reconhecer o sofrimento existente no mundo. Em certo ponto, é possível perceber que o seu caminho não diz respeito apenas à sua própria situação, mas também em fazer a diferença no mundo. Você se sente inspirado a seguir os passos da comunidade Shambhala e muda o foco da sua atenção para ajudar as outras pessoas.

Creio que não são apenas os praticantes da meditação que estão interessados em tornar o mundo um lugar melhor. Todos nós queremos isso. Mesmo os políticos mais alienados querem fazer um mundo melhor: eles desejam que o mundo seja um reflexo de suas visões pessoais. Quando você diminui o seu ritmo e reflete sobre como fazer um mundo melhor, pode chegar à mesma conclusão que muitos mestres budistas já chegaram no passado: não podemos basear a mudança que desejamos na pressa e na raiva, mas sim em sabedoria compassiva.

Não é fácil encontrar uma maneira de fazer isso, principalmente porque nossas fontes de inspiração são escassas e distantes. O mais incrível é que, como todos nós sabemos, as pessoas famosas muitas vezes alcançam a fama por razões erradas. Muitas celebridades não atingem a fama porque têm talento em determinada área, mas sim porque são ricas ou atuaram em algum filme com cenas picantes. Graças aos tabloides e aos sites de fofoca, essas pessoas conseguem se promover no mundo das celebridades mantendo status de deuses. Os herdeiros e herdeiras da fama são procurados pelas massas que invejam o estilo de vida dessas celebridades e, ao mesmo tempo, sentem prazer ao se humilhar diante delas.

Enquanto isso, um herói da Marinha está militando além-mar com seus próprios recursos até o momento de retornar para casa. A família que se voluntaria todos os finais de semana em um abrigo da vizinhança raramente recebe o reconhecimento que merece. A mãe solteira não consegue alguém para cuidar do seu filho voluntariamente uma vez por mês para poder ir ao cinema. As pessoas que realizam com dedicação trabalhos humanitários raramente recebem sequer um "obrigado" e, além disso, não há nenhum site acompanhando sua rotina, tampouco manchetes atrativas que noticiem: "Oliver compra um sanduíche para um morador de rua: morador de rua agradece".

Preciso acreditar que todos os interessados na busca espiritual desejam viver em um mundo em que as prioridades sejam diferentes das que vemos no mundo das celebridades (ainda que alguns se interessem de vez em quando pela vida das celebridades). Se as estatísticas das pesquisas atuais estiverem corretas, a maioria das pessoas deseja realizar mais trabalhos voluntários, bem como oferecer um pouco mais de si mesmo e de seus sentimentos à comunidade em que vivem. A nossa sociedade parece permanecer apenas na vontade.

Muitos países utilizam um indicador muito particular para medir o seu sucesso: o Produto Interno Bruto (PIB). Em outras palavras, quanto mais o país produz, mais bem-sucedido é. Como cidadãos desses países, nós naturalmente utilizamos indicadores similares para julgar o nosso próprio status. Se temos um bom trabalho, uma boa casa ou apartamento, um carro luxuoso e uma esposa linda, acreditamos que somos bem-sucedidos. Mas, ainda assim, muitos nessa situação acreditam ser infelizes.

Em 1972, o rei do Butão, Jigme Singye Wangchuck, instituiu um indicador de sucesso diferente em seu país: o Índice de Felicidade Interna Bruta (FIB). Os quatro pilares do FIB eram o desenvolvimento sustentável, a preservação de valores culturais, o bom uso do meio ambiente e a definição de um governo benevolente.

Enquanto alguns desses indicadores são uma tentativa de medir o nível de felicidade da população, muitos deles apontam para a ideia de que, para sermos realmente felizes, precisamos cuidar dos outros membros da sociedade e do meio em que vivemos. Nos Estados Unidos, estamos rodeados de pessoas que acreditam piamente na ideia de que "sucesso" e "felicidade" podem ser atingidos quando se adquire um veículo luxuoso ou um apartamento de cobertura. Tentamos constantemente atingir esses indicadores de felicidade procurando por algo que possamos acrescentar àquilo que somos. Estamos sempre nos concentrando em fatores externos sob o pretexto de que eles nos levarão à felicidade infinita e verdadeira.

Acreditar exclusivamente no "eu" torna-se cansativo após certo tempo. Para criarmos uma mudança positiva no mundo, precisamos mudar o nosso hábito de pensar sempre em nós mesmos. Sakyong Mipham Rinpoche certa vez escreveu:

> Nós pensamos: "Essa comida vai me fazer feliz? Esse filme vai me fazer feliz? Essa pessoa vai me trazer a felicidade? Essa blusa nova vai me fazer feliz?". A questão "E eu?" passa a nos motivar a realizar nossas atividades.[1]

Para criar uma sociedade baseada na coragem e na gentileza, precisamos mudar o hábito de pensar sempre "em mim". Muitos de nós dizemos ao acordar: "Espero que eu tenha um dia bom". Chegamos ao trabalho e dizemos: "Espero que eu consiga o aumento que eu mereço. Espero que esse emprego me faça rico". Chegamos em casa e dizemos: "Estou exausto e preciso me cuidar. Preciso tomar uma cerveja, assistir à TV e ficar sem fazer mais nada para me recuperar do dia de hoje". Concentrar-nos apenas em nós mesmos, dia após dia, pode ser muito cansativo. Criar esse casulo do "sempre pensar em mim mesmo" é algo realmente muito chato e exaustivo.

---

[1] MIPHAM, Sakyong, *Governe seu mundo: estratégias antigas para a vida moderna*. São Paulo: Martins Fontes, 2008.

Imagine como seria se um dia todos acordassem e decidissem redirecionar sua atenção, deixando de lado o seu "eu no centro do universo". E se cada um de nós dedicasse o dia para fazer o bem aos outros? Tirar o foco do "eu" e direcioná-lo ao cuidado com os outros é a diferença sutil entre os ensinamentos da *Hinayana* (veículo pequeno) e os ensinamentos da *Mahayana* (veículo grande). Essa diferença consiste na visão da *Hinayana* em se preocupar apenas com o próprio caminho para o despertar e a visão *Mahayana* de enxergar a felicidade dos outros como o caminho.

Quanto mais nos familiarizamos com os altos e baixos do nosso emocional, mais passamos a enxergá-los também nas outras pessoas. Primeiro sentimos uma raiva enorme do nosso colega João. Ele recebeu os créditos por todo o nosso trabalho, espalhou fofoca por todo o escritório e, de maneira geral, não participou de nada. Como treinamos o nosso "eu" na meditação com o intuito de perceber as nossas emoções fortes, aceitá-las e retornar ao momento presente, passamos a ter a mesma abordagem gentil com as nossas emoções no trabalho. Concedemos um pouco de tempo à nossa raiva quando fomos confrontados pela intromissão do João. Quando não estamos tão dominados por nossa confusão interior, passamos a enxergar a confusão interior do João também. Como não estamos atirando a nossa fúria com os olhos, o nosso olhar repousa sobre a mesa do João e percebemos que a foto de sua esposa não está mais lá. A nossa atenção não está voltada às possíveis respostas para tudo o que ele diz, então passamos a perceber uma leve tristeza e uma falta de esperança em sua voz.

Logo percebemos que o nosso colega de trabalho vem passando por inúmeros transtornos emocionais: ele se sente trapaceado no trabalho, sua esposa acaba de pedir o divórcio e ele sofre de ataques de pânico. Nós já passamos por experiências semelhantes no passado e, de repente, sentimos o nosso coração se abrir para o João. Ele pode estar agindo dessa forma rancorosa ou invejosa porque tem sofrido muito, *assim como nós*. Quando passamos a vê-lo não mais como uma ameaça, mas como um ser humano que está sofrendo, nosso coração amolece.

Quando nos deparamos com pessoas difíceis, muitas vezes não sentimos o nosso coração se abrir de maneira natural. Nesse caso, a prática da contemplação pode nos ajudar.

A prática da contemplação para lidar com pessoas difíceis

Antes de tudo, coloque-se em uma boa postura de meditação e pratique a *shamatha* por pelo menos cinco minutos.

Agora, pense em um momento em que você agiu de maneira parecida com essa pessoa difícil que faz parte da sua vida. Pode ser uma situação em que você se sentiu despreparado, com o coração partido, ou tão frustrado que não pôde nem mesmo dormir. Aguce a sua memória e medite sobre qualquer sentimento forte que surgir.

Agora que você já tem algo forte com o que trabalhar, tente a brincadeira do biscoito da sorte. Uma brincadeira divertida de se fazer com quem abre um biscoito da sorte é acrescentar o termo "na cama" ao final de cada frase. Por exemplo: "Em breve você terá muito sucesso... na cama". Na versão para essa contemplação, porém, você assume os sentimentos que surgem quando está diante de pessoas difíceis e adiciona a expressão "assim como eu". Por exemplo: "Às vezes João se aborrece sem motivo... assim como eu", "Ele vai tentar convencer as pessoas das suas ideias para seguir em frente... assim como eu".

Permaneça com essa situação que você começou a contemplar. Depois de certo tempo analisando os pontos negativos que você e João têm em comum, você poderá chegar a outras hipóteses, como: "João está tentando ser feliz... assim como eu".

Observe qualquer hipótese que apareça em relação a tudo que há em comum entre você e João. Com o passar do tempo, você pode descobrir que vocês têm muito mais características semelhantes do que pensava. Ainda que vocês tenham diferentes pontos de vista ou maneiras de trabalhar, as motivações de ambos não são muito distintas.

Desenvolver a compaixão por outra pessoa dessa maneira não é uma atitude arrogante. Não é dizer: "Eu sou muito iluminado e, como você sofre demais, terei pena de você", mas sim perceber que não somos melhores que ninguém. Na verdade, somos todos iguais, porque todos queremos a mesma coisa: a felicidade.

Desenvolvendo *bodhichitta*

Como já mencionado no capítulo que analisa o tigre, não alcançamos a felicidade verdadeira comprando novos aparelhos ou conquistando um novo par romântico, mas sim quando permanecemos presentes em nossa própria vida. A felicidade vem quando você desloca a atenção do seu "eu" para o mundo à sua volta.

O coração que deseja se associar ao seu mundo e trabalhar em prol das outras pessoas é conhecido, na tradição budista, como *bodhichitta*. Trata-se de uma palavra do sânscrito que pode ser traduzida como "coração desperto". Quando você reduz o seu ritmo e está presente em seu mundo, fica mais atento ao sofrimento existente a seu redor. As suas emoções são impulsionadas por coisas simples: um filhote à espera de adoção ou uma linda flor que começa a desabrochar. Antes você caminhava e não notava nada disso, mas agora está aberto e disponível para o mundo. Você passa a sentir a riqueza e a ternura próprias dos seres humanos. Isso é *bodhichitta*.

Bodhichitta é uma característica inerente a quem somos. Pode ser pensada como o nosso único "ponto fraco". Todos nós já tivemos contato com ele em algum momento de nossas vidas. É a capacidade que temos de amar e de ser amados.

Porém, o fato de praticarmos e sentirmos por vezes o nosso coração aberto não significa que podemos nos apoiar neste sentimento. O coração desperto pode também ser tomado pelo medo ou por um casulo de opiniões. Sempre que nos colocamos à frente do outro ou nos desconectamos do nosso mundo porque não queremos lidar com ele, formamos camadas protetoras em torno do nosso coração. Estamos criando casulos de medo e repletos de "eu". Logo, a *bodhichitta* não é apenas o ato de permanecer com o coração aberto, mas algo que nós cultivamos por meio da prática da meditação.

Prática de contemplação de um coração aberto

Reserve poucos minutos agora e sente-se onde quer que você esteja. Não é necessário praticar a meditação *shamatha*, apenas mantenha-se presente. Não importa se você está em um trem lotado, no trabalho ou simplesmente no sofá. Apenas mantenha-se presente com o seu corpo e o seu ambiente.

Depois de concentrar o pensamento por um instante, reflita sobre a questão: "Como é o meu coração desperto?". Deixe a pergunta pairar um pouco por sua mente. Observe o que surge. São imagens ou são memórias que aparecem em seu pensamento e motivam esse sentimento?

Depois dessa experiência de alguns minutos, relaxe. Deixe a pergunta de lado e volte à respiração. Concentre-se principalmente na expiração e na sensação do ar saindo do seu corpo para o espaço a seu redor.

Permaneça aberto diante da raiva

Bodhichitta é o elemento mais importante de toda a doutrina budista. Se não abrirmos o nosso coração para os outros, nos tornamos praticantes petrificados da meditação, que se concentram apenas no "eu". No retiro de fim de semana onde Sakyong nos convidou para nos unirmos ao seu plano de criação de uma sociedade iluminada, ele continuou falando sobre a *bodhichitta*. Sakyong ensinou que o coração aberto é o princípio básico para criarmos um mundo melhor e uma sociedade iluminada.

Alguns tentam criar uma mudança positiva na sociedade por meio de protestos ou petições. Outros tentam apoiar instituições de caridade nas quais confiam e que acreditam realizar um bom trabalho. Outros tentam encontrar e executar algum tipo de trabalho que acreditam fazer bem aos outros. Porém, a maneira mais simples e modesta para causar uma mudança positiva no mundo é através do vínculo com o nosso coração desperto.

As sociedades contemporâneas nos mostram que, para termos sucesso, precisamos acreditar na mentalidade do Produto Interno Bruto (PIB). Fomos ensinados a acreditar que precisamos de muito dinheiro e de objetos materiais para sermos felizes. Todavia, já descobrimos que tais coisas não são suficientes para nos trazer felicidade. Atitudes simples, como permanecer presente e compassivo, nos trazem alegria. Encontramos a felicidade quando estamos com o coração aberto.

Muitas vezes tentamos esconder esse coração vulnerável na tentativa de não machucá-lo. É natural querer se proteger de ser aberto e autêntico o tempo todo em um mundo recheado de fúria. Contudo, desenvolver o desejo de ser vulnerável não é diferente do desejo de estar vivo. Se tentarmos nos proteger sempre, se nos esforçarmos o tempo todo para evitar o constrangimento, o desafio e o caos, ficaremos amarrados na prisão das nossas próprias defesas. Neste caso, nada nos ameaça, mas também nada sentimos. O caminho do guerreiro consiste em combater o seu casulo de defesas e dividir o seu coração com o mundo.

Certa vez ouvi a história de um sacerdote que pediu que as suas últimas palavras fossem gravadas. Ele disse que, quando era jovem, tinha o desejo de mudar o mundo. Porém, quanto mais ele se esforçava, mais confuso ficava sobre como poderia criar uma mudança positiva. Depois, já um homem de meia-idade, pensou que o caminho seria incentivar o bom comportamento entre os seus amigos e a sua família. Após lutar por esse objetivo por muitos anos, novamente desanimou.

Apenas ao envelhecer, quase ao final da vida, ele percebeu que, para criar a mudança que o mundo necessita, ele precisaria primeiramente de uma mudança interna. Ao entrar em contato com o seu coração vulnerável, ele propagou a influência positiva entre os seus amigos e a sua família e, a partir daí, inspirou muitas pessoas.

De maneira similar, em 2003, Sakyong Mipham Rinpoche olhou para a plateia de duzentos jovens praticantes da meditação e disse: "Muitas vezes, as pessoas pensam que precisam atingir a iluminação para fazer a diferença no mundo. Elas dizem: 'Bem, eu posso ajudar se meditar mais, estudar mais e participar de mais retiros'. Podemos envelhecer pensando assim. Precisamos fazer a mudança agora. Tem de ser agora!".

Você pode não ter praticado a meditação por muitos anos, nem mesmo ter recebido instruções dos melhores professores de diferentes correntes filosóficas. Isso não quer dizer que você não possa abrir o seu coração para o mundo e fazer a diferença. Você não precisa esperar até o momento em que atingir a iluminação. Tampouco precisa pedir a permissão de alguém. Você precisa apenas oferecer você mesmo, do jeito que você é, e permitir que o seu coração vulnerável transforme o mundo.

9. Manifeste as qualidades do leão da neve

Quando começamos a seguir o caminho da *Mahayana*, podemos observar a segunda das quatro dignidades: o leão da neve. Imagine o pico das montanhas, onde a atmosfera é clara, o ar é puro e fresco. A grama bem verde está repleta de flores silvestres, árvores e rochas. Esse é o ambiente calmo em que o leão da neve mora.

Você já deve ter visto o leão da neve na bandeira do Tibet, ou mesmo em estátuas do lado de fora de alguma biblioteca. Muito brincalhão e cheio de energia, o leão é branco, musculoso e tem a juba na cor turquesa. É conhecido por saltar de montanha em montanha. A tradição conta que, à medida que o leão da neve salta, sua juba é arejada pelo frescor das árvores.

Sempre que eu ouço a frase "arejada pelo frescor das árvores", não posso evitar lembrar daqueles comerciais de xampu em que uma moça está triste porque acha que seu cabelo está muito opaco e sem brilho. Então apresentam a ela um xampu de ervas e alguns segundos depois ela sai saltitante pelas ruas, muito feliz e satisfeita porque o seu cabelo foi completamente restaurado à sua forma natural.

Quando nos referimos ao leão da neve, essa imagem ajuda muito. Já sabemos que um xampu não pode nos trazer a felicidade eterna. Mesmo que seja sensacional, ele trará apenas uma satisfação temporária, uma alegria que não é permanente. Para encontrar a felicidade verdadeira, precisamos observar o leão da neve. Ele sente essa mesma felicidade transmitida no comercial do xampu. Porém, não se sente feliz ao comprar um novo xampu, ou ao arrumar uma namorada ou casa nova; ele se sente feliz porque não é dominado por emoções negativas.

Como já falamos no capítulo sobre o tigre, quando nos prendemos às emoções fortes, ficamos exaustos. Por exemplo, imagine que os seus pais ou mesmo um amigo lhe enviam um e-mail em uma sexta-feira à noite reclamando que você não os visita mais. Primeiro você se sente culpado, depois frustrado e, em seguida, tenta aliviar esses sentimentos saindo ou bebendo demais; a próxima coisa que você vai fazer é vomitar esses sentimentos em um vaso sanitário. Você então responde o e-mail dizendo o quanto eles arruinaram a sua noite, dorme em cima do computador e acorda em meio à confusão física e mental que você mesmo criou.

Se você observar o exemplo do leão da neve, a sua primeira reação não será se torturar diante dessa emoção forte. O leão da neve não se deixa levar por suas emoções e, por isso, consegue se manter vibrante, ativo e cheio de energia.

Duvidando da nossa bondade inerente

Na Shambhala budista, dizemos que o que nos aflige é a dúvida. Quando recebemos um telefonema ou e-mail mal-educado, podemos perder o controle; estávamos certos de que éramos pessoas boas e dignas, mas, de repente, sentimos um leve desvio em nossa bondade fundamental. Podemos pensar: "Se eu realmente estivesse em contato com a minha sabedoria inata, não seria tão duro com as pessoas que eu amo". Perdemos a fé na nossa capacidade de ser mais gentis, na nossa prática de meditação, e passamos a desacreditar em nossa bondade fundamental. Somos surpreendidos por um sentimento de fracasso, como se o caminho que criamos em busca da nossa felicidade e para sermos pessoas melhores se tornasse inviável. É simplesmente muito difícil, neste mundo agitado e caótico, pôr em prática os princípios da atenção plena e da compaixão. Logo, devemos desistir.

Essa dúvida pode nos sufocar. Contudo, reconhecer que caímos na armadilha da dúvida é o primeiro passo para nos livrarmos dela. Investigar a dúvida não é o mesmo que banir a nossa inteligência crítica; pelo contrário. Precisamos começar a entender a diferença entre a nossa bondade fundamental e a nossa impulsividade por meio da contemplação sincera: "Qual é a minha experiência com a dúvida? Como ela me afeta?". Você não precisa nem mesmo meditar ou fazer uma análise formal sobre o assunto, mas pense por um ou dois dias nisso.

A dúvida sobre a nossa bondade fundamental pode se manifestar de algumas formas. Dependendo da sua experiência, algumas delas podem lhe parecer familiares:

Ansiedade. Por meio dessa manifestação de dúvida você pode se sentir desconfortável com o modo como as coisas se apresentam em sua vida. Você gostaria que fosse mais fácil encontrar alguém com quem pudesse se relacionar, que as pessoas que você encontra não fossem tão carentes, que pagassem a conta de vez em quando etc. Há um sentimento generalizado de desconforto quando você deseja mudar a situação, os seus amigos ou você mesmo. Não importa o momento, você não consegue acreditar na situação como ela é. Em outras palavras, você não consegue acreditar no momento presente.

Inveja. Esta forma de dúvida envolve a sua relação com as outras pessoas. Talvez você já tenha se sentido excluído, indesejado. Os colegas de trabalho saem para almoçar sem a sua companhia e você começa a se perguntar por que não foi convidado. Passa a questionar a sua autoestima. Desse sentimento, surge a opinião de que o mundo não está tratando você como deveria. Você se sente decepcionado e sente inveja das pessoas que aparentam ser melhores que você.

Esquecimento. Quando você cai na armadilha da dúvida, diminui a sua capacidade de atenção plena. Você considera que pode resgatar a sua prática de meditação exatamente do ponto em que a deixou um mês atrás, em vez de tratá-la como algo que requer treinamento contínuo. O seu ritmo começa a ficar acelerado e você se esquece de coisas simples, como tomar leite, e acaba tomando café puro por três dias seguidos; começa a ficar distraído e perde a disciplina para reconhecer o quanto a sua vida é maravilhosa.

Arrogância. Em algum momento você acreditou que a sua dúvida poderia ser uma grande descoberta filosófica. Nessa armadilha específica, você acredita que a confusão e a falta de fé na sua bondade fundamental podem ser uma religião totalmente nova. Você pensa: "Ok, ok, Buda e outros grandes mestres dos últimos 26 mil anos me motivaram a encontrar o meu Buda natural, mas eu acabo de descobrir algo que nunca experimentei: 'princípio de apatia'". Você passa a espalhar a sua visão a respeito da bondade fundamental para todos aqueles que (ainda que de maneira dissimulada) demonstram confiança em você.

Calúnia. Diante da dúvida, você olha para a sua bondade, para a sua prática e para os seus professores de meditação e imagina que todos eles devem ter falhado com você e que por isso pode considerá-los caluniadores. Isso também acontece, às vezes, com praticantes seniores nas comunidades budistas. Estiveram com a *sangha* (comunidade) por trinta anos, mas, em determinado momento, sentiram que se desligaram da bondade fundamental. Eles não acreditam que tenham sido culpados por não praticarem mais e culpam a *sangha* budista ou a organização da qual fazem parte. Começam a criticar a estrutura organizacional, a forma como a *dharma* é ensinada, ou ainda criticam os professores. Como caíram na armadilha de sua própria dúvida, eles consolidam esse pensamento e passam a criticar e a blasfemar qualquer pessoa que ainda acredite em tais ensinamentos.

Falta de sintonia entre corpo e mente. Nessa manifestação de dúvida, você está tão furioso com o seu estado emocional que não consegue nem se manter integrado com você mesmo; está tão envolvido com os seus pensamentos que, no caminho para o trabalho ou para a escola, nem mesmo percebe que a cerejeira está carregada de cerejas. Está tão perturbado que mal consegue colocar o chá na xícara; a água quente respinga no pires enquanto você conta para o seu amigo o seu mais novo drama.

A dúvida e os relacionamentos amorosos

Uma armadilha da dúvida muito comum a todos nós é o relacionamento amoroso. Quando você está em dúvida se aceita ou não um relacionamento, pode experimentar todas as manifestações de dúvida.

Suponhamos que o seu namorado saia à noite com alguns amigos. Você tenta ligar para ele, mas a ligação sempre cai na caixa postal. Obviamente, ele deve estar no andar de baixo de algum bar ou o telefone dele está no silencioso, mas você começa a sentir algo. Sente um pouco de ansiedade: "Onde ele está? O que está fazendo? Por que está me ignorando?". Talvez você faça o tipo ciumenta: "Será que ele está dançando com outra mulher? Será que está comprando uma bebida? E se ele ficar bêbado e alguma mulher tentar beijá-lo?". A partir de então, você passa a ficar indignada, a arrogância aparece e você pensa: "Quem ele pensa que é para me ignorar? Como ele acha que pode me trair? *Me* trair?".

Antes que você perceba, já esqueceu todos os seus planos para aquela noite e começa a escrever uma mensagem de texto reclamando de como ele a trata mal e como ele é idiota. Você está tão furiosa e atordoada com a situação que não consegue fazer nada além de deitar na cama. Está paralisada por suas emoções e perdeu completamente a consciência de como deve tratar o seu corpo e a sua mente.

Esse tipo de desequilíbrio emocional soa familiar para você? Creio que todos nós já tivemos pelo menos uma explosão emocional. Muitos professores do budismo tibetano notaram que, devido a um fator cultural, os ocidentais não possuem muita fé em sua sabedoria e bondade inatas. Temos a tendência de nos odiar até certo ponto e não confiamos nas coisas simples, como o fato de merecer ser amados e respeitados.

Nesse momento, o caminho do leão da neve aparece; ele retém você antes que caia na armadilha da dúvida. O leão da neve tem grande confiança em si mesmo. Você deve se lembrar de que vale a pena ser amado. Você é uma pessoa genuinamente boa. Você possui a natureza de Buda.

Além disso, quando as dificuldades surgem, em vez de se deixar vencer por elas, considere que talvez a história que você criou não seja necessariamente a história real. Muitas das histórias que criamos não fazem parte do nosso equilíbrio ou sabedoria, mas da nossa confusão mental. Quando o seu namorado liga três horas depois, de um número desconhecido, dizendo que está com saudades e que ficou muito chateado quando percebeu que a bateria do seu celular havia acabado, é um bom momento para você observar o caminho que lhe permite se libertar e escapar da armadilha da dúvida.

As ferramentas do leão da neve

Há algumas ferramentas que o leão da neve utiliza a fim de não cair na armadilha da dúvida e a fim de se manter disposto o suficiente para saltar de montanha em montanha. Farei uma breve introdução dessas ferramentas e depois as veremos mais detalhadamente nos próximos três capítulos.

Compaixão

Quando abrimos totalmente o nosso coração para os outros, naturalmente saímos da tendência de pensar exclusivamente no "eu". Podemos praticar atitudes simples como sorrir, ouvir atentamente as pessoas com quem gostamos de ficar (e aquelas que não gostamos também) ou realizar a prática da meditação simples, que gosto de chamar de "Nunca diga não".

Durante o nosso dia, surgem inúmeras oportunidades para não pensarmos apenas em nós mesmos. Porém, nós geralmente as desprezamos. Tente praticar um dia. Não diga "não" imediatamente a todas as solicitações que cheguem até você. Podem ser coisas simples, como quando alguém deixa cair um lápis no chão e você simplesmente desvia o caminho para não pegá-lo. Pode ser esperar no elevador ao perceber que alguém está vindo, mesmo que você esteja com pressa. Da mesma maneira, você pode oferecer algum dinheiro para um mendigo que encontrar na rua.

Obviamente, se alguém abordar você, propondo: "Vamos fazer sexo sem compromisso em cima de uma pilha de agulhas?", tenha um pouco de bom senso e recuse. O exercício do "Nunca diga não" é o passo inicial para sermos mais abertos e compassivos. A partir do cuidado consigo mesmo (o núcleo do método *Hinayana*), você pode cuidar dos demais.

Ao término de um dia praticando "Nunca diga não", reserve um tempo para observar como você se sente. Seguir além da sua zona de conforto e ser solidário com o seu coração pode ser libertador.

Disciplina da virtude

Há momentos em que a vida nos traz alguns limões. É ingenuidade pensar que você poderá pegar todos os limões da *samsara* e fazer uma limonada, afinal, ainda estamos progredindo no caminho espiritual. Porém, há momentos em que estamos diante de uma situação negativa e temos de encará-la diretamente, mesmo que seja apenas para permitir que ela exista. Às vezes, podemos ser corajosos e seguir um pouco mais adiante do que estamos acostumados com o intuito de usufruir da virtude nessa situação.

Não se trata de um senso moralista de: "Eu sou bom, você é mau, então vou dizer, sempre que perceber, que você está confuso"; esse é um ego baseado na arrogância. Em vez disso, o uso da virtude envolve disciplina: temos de ser precisos para encontrar a melhor solução para cada situação.

Ao utilizar o discernimento do tigre, sabemos como queremos agir e o que queremos evitar. O caminho do leão da neve consiste em agir de acordo com esse discernimento e segui-lo. Podemos observar como o nosso comportamento afeta os outros. Como desejamos ser pessoas compassivas, devemos agir da forma que julgamos sadia e benéfica.

As seis *paramitas*

Há mais seis ferramentas que o leão da neve carrega em seu cinto simbólico de ferramentas: generosidade, disciplina, paciência, alegria, meditação e *prajna* (conhecimento superior). Esses seis elementos são citados nos textos budistas como as seis *paramitas* ou perfeições. Não precisamos ser perfeitos para aplicar nenhum deles, mas todos são extremamente úteis para criarmos a conduta perfeita em um mundo imperfeito.

Na tentativa de fazer o bem aos outros e estar a serviço do mundo, podemos olhar para cada uma dessas qualidades e examinar qual delas é a mais adequada a cada tipo de situação. Algumas podem ser muito claras, como ser paciente quando o seu amigo está falando demais enquanto se arruma e você está preocupado em não perder o horário da consulta no dentista. Outras situações podem exigir mais raciocínio, como dar o melhor de si em uma tarefa difícil no trabalho sem incomodar as outras pessoas. Porém, essas seis *paramitas* são aplicáveis a quaisquer situações que possamos enfrentar e são as ferramentas essenciais do leão da neve em todos os seus projetos.

Para atingir a felicidade, precisamos preservar a nossa dignidade. É difícil lidar com alguém que está perdido em seus questionamentos. Quando alguém se deprecia constantemente e se enfurece com pequenas coisas, esgota a sua própria energia, assim como a de qualquer pessoa a seu redor. Você não precisa ser assim. Você não é genuinamente assim. Você é naturalmente bom. Na tentativa de nos igualarmos ao leão da neve, a nossa prática consiste em voltar ao ponto essencial da nossa bondade fundamental e acreditar nela.

Voltar à realidade da nossa situação e do mundo ao nosso redor é um lembrete de que todas as nossas experiências podem ser uma parte do caminho. Não devemos nos prender ao plano do "eu", e sim progredir para o plano do "nós". Quando aplicamos a nossa disciplina e escapamos da armadilha da dúvida, temos um mundo esperando por nós, sedento pelo nosso coração aberto. Podemos oferecer a compaixão, a disciplina da virtude e o nosso cinto de *paramitas* para fazer deste mundo um lugar melhor. Se não o fizermos, quem o fará?

10. Sexo, amor e compaixão

Estar sob os holofotes, mesmo que machuque, é melhor que evitá-los.

Pema Chödrön

Uma das melhores formas de pôr a compaixão em prática é associá-la a seu relacionamento amoroso e sexual. Podemos utilizar as lições que aprendemos nesse relacionamento e aplicá-las em todas as demais relações. Todos nós já nos machucamos antes. Você provavelmente já conheceu o seu ponto fraco, a sua *bodhichitta*, quando abriu o seu coração para alguém e se decepcionou. Depois que você se machuca, é natural querer proteger o seu coração aberto. Em outras palavras, você se fecha para as outras pessoas. Você se protege do sentimento de vulnerabilidade numa tentativa de não se machucar novamente.

Depois de um tempo, nós nos curamos e novamente nos esforçamos para reabrir o coração. Ter um parceiro no amor nos proporciona um alto nível de satisfação que não queremos perder.

O desejo de ser amado é inerente à experiência humana. Todos nós queremos ser amados. Nós amamos amar! Os altos do amor são maravilhosos e seus baixos são tão traumáticos que queremos apagá-los da nossa memória para sempre. É praticamente impossível alcançar a satisfação e a equanimidade em nossas vidas enquanto estamos nessa montanha-russa de emoções.

Pensar que devemos separar a nossa vida amorosa da nossa vida espiritual é um grande erro. É por meio da prática dos princípios budistas que podemos tornar nossos relacionamentos parte de nosso caminho. Com respeito e cuidado por nosso parceiro, apaixonar-se não precisa ser uma montanha-russa. Precisamos apenas aprender a ponderar as nossas expectativas.

Apaixonar-se (e continuar apaixonado) – e um pouco mais

Quando você oferece o seu amor a alguém, o começo é sempre uma dúvida. Você tem curiosidades sobre o seu parceiro. Quer saber mais sobre o passado dele, sua família e seus possíveis hábitos esquisitos. Você experimenta novos pratos por sugestão de seu novo amor, vai a lugares poucos familiares, e tudo é muito empolgante. Você passa a aprender tudo sobre o seu novo par romântico: o sabor de sorvete preferido da Elizabeth é chocolate e seu programa de TV favorito é *Gossip Girl.* Ela se veste assim e gosta de tal tipo de pessoa, além de nunca beber aquele tipo de refrigerante etc.

Até certo ponto, esses aspectos da parceira são agradáveis, mas deixam de ser necessariamente novos ou interessantes; você já não tem mais aquele nível de curiosidade do início do relacionamento, pois já sabe o bastante a respeito da sua companheira. Algum tempo depois, você simplesmente deixa de ter qualquer tipo de curiosidade.

Eu estava assistindo a um programa outro dia e vi um casal (juntos havia muito tempo) brigando. Com o intuito de amenizar a situação, o marido deu para a esposa uma revista americana muito famosa chamada *Cosmopolitan*, e disse a ela que sabia o quanto ela amava aquela revista. "Ah!", ela disse ironicamente. "Você lembrou! Faz vinte anos que não vejo uma dessas!"

Claro que ele rapidamente conseguiu um argumento com base no conhecimento que já tinha sobre sua mulher, mas, às vezes, nós nos esquecemos de observar a pessoa com quem estamos dividindo a vida e não notamos o quanto as coisas mudam.

É comum tratarmos a relação com o nosso parceiro como fato consumado, quando, na verdade, deveríamos ver o nosso par como o objeto principal da nossa compaixão. A palavra tibetana para compaixão é *nyingje* e pode ser traduzida como "coração nobre". Quando pensamos em trazer a compaixão para as nossas relações íntimas, esse termo torna-se muito importante: precisamos verdadeiramente oferecer a nobreza do nosso coração àqueles que amamos.

A curiosidade é uma forma de compaixão. Acredito que casais que estão juntos há bastante tempo continuem empolgados com o parceiro, mas não se perguntam ou observam o quanto ele mudou. Como praticantes da meditação ativos, sabemos que todas as coisas não são permanentes, pois tudo muda e está em constante transformação ao nosso redor. Não temos nenhuma dificuldade em observar o desenvolvimento e a mudança do nosso corpo e do nosso conhecimento. Mesmo assim, pensar que o nosso parceiro muda tão constantemente pode nos parecer assustador. A verdade é que, embora consideremos que a pessoa confiável com quem jantamos todos os dias é algo sólido, ela é, na verdade, um conglomerado de experiências em constante mudança, tal qual as estações do ano. Petrificar uma pessoa dessa maneira não faz sentido e somos culpados por cair nessa armadilha uma vez ou outra.

Em algum momento do relacionamento, algumas expectativas são criadas. Você não cria um contrato para dividir quem faz o que, mas, ao mesmo tempo, passa a acreditar que o seu parceiro lhe deve algumas coisas. Algumas delas vão além do amor e da honestidade que o seu companheiro lhe oferece. Então, uma palavra perigosa começa a surgir: "sempre".

"Você *sempre* chega em casa primeiro, então por que não ligou se sabia que iria chegar atrasado?"

"Você *sempre* deixa a roupa para eu dobrar. Por que você não pode dobrar?"

"Você *sempre* diz isso quando eu quero fazer alguma coisa nova."

Quando as expectativas do relacionamento se tornam fixas, elas ganham o mesmo poder de destruição que as emoções fortes. Assim como as emoções fortes, as expectativas fixas nos depreciam, causando dúvidas e ansiedades que preenchem o nosso ser. Começamos a fechar o nosso coração e a cuidar de nós mesmos em vez de nos mantermos abertos para ouvir o nosso parceiro. Ficamos distantes da sinceridade incondicional que nos permite ajudar as pessoas que amamos, por nossa própria culpa. Estamos nos afastando da nossa *bodhichitta* e da habilidade de agir de maneira compassiva. Quando você percebe que está se afastando da prática da compaixão, sabe que o seu relacionamento não vai bem.

Ao observar que não está conseguindo se comunicar abertamente em sua relação, você pode fazer uma escolha. Uma das opções é envolver o seu coração vulnerável com camadas de proteção. Você impedirá que o outro o machuque, mas também estará mais distante de expressar o seu amor de forma autêntica. Na verdade, assim você está se preparando para o fim do relacionamento.

A outra opção é diminuir as suas expectativas e reencontrar aquela curiosidade que você tinha no início. Assim, você pode investigar onde está travado, onde colocou essa barreira e como pode se abrir mais com o seu parceiro. Essa é uma maneira de entender melhor a relação, reestabelecer a curiosidade inicial e conhecer melhor a pessoa que você ama.

Essa mesma curiosidade pode ser utilizada para uma abordagem compassiva da relação amorosa. Tenho visto muitas pessoas solteiras dizendo que estão esperando pelo Sr. Certo ou pela Srta. Certa. Se pelo menos eles fossem ao bar certo, ou às festas certas, ou acessassem o site certo, provavelmente o Sr. Certo ou Srta. Certa estaria lá esperando. Como o mestre budista Dzongsar Khyentse Rinpoche disse certa vez: "O problema não é que as situações certas não aparecem. Esse realmente não é o problema; o problema é que nós sempre temos certas expectativas e também esperanças e medos. E tudo isso nos leva à frustração".

Quando estamos certos do que queremos encontrar em uma pessoa, seguimos um caminho tortuoso. Podemos fazer uma lista do que estamos procurando quanto à aparência física, à inteligência, ao senso de humor, à preferência religiosa etc. Pensamos que podemos encontrar todas essas qualidades em uma pessoa e que, assim, encontraremos a pessoa perfeita para nós.

Se seguirmos essa lista à risca, estaremos fadados ao fracasso. Em vez disso, devemos nos esforçar para ter uma mente aberta. Você pode observar qualquer pessoa que encontrar sem precisar seguir nenhum caderno de anotações ou lista. Pode ser que você acabe encontrando alguém que é totalmente o oposto do que esperava para ser feliz, mas que é a pessoa perfeita para você. Ao manter coração e mente abertos, você poderá encontrar a felicidade onde menos espera.

Atividade sexual compassiva

Quando falamos em sexo, estamos tratando de uma área complicada para abrir o nosso coração. O sexo é vivenciado de diferentes maneiras por cada um. Pode ser uma forma de demonstrar amor verdadeiro e afeto, mas também pode ser praticado simplesmente por divertimento. O sexo também é visto como uma maneira de amenizar a situação quando você briga com seu marido ou esposa, ou simplesmente quando você está com preguiça de sair da cama. O sexo pode ser maravilhoso, doloroso, humilhante e, às vezes, eu diria, uma atividade compassiva.

Em relação ao budismo e ao sexo, sabemos que até mesmo o Buda histórico, Sidarta Gautama, teve relações sexuais. Ao que tudo indica, ele tinha um harém de mulheres enquanto viveu em seu palácio. Alguns textos afirmam que essas mulheres eram simples dançarinas, enquanto outros contam que eram cortesãs que atendiam aos desejos carnais do príncipe. Independentemente do caso, sabemos que o nosso amigo Sidarta mantinha relações sexuais – afinal, sua esposa, Yasodhara, deu à luz um filho.

Logo que Sidarta tornou-se Buda, muitos passaram a segui-lo na tentativa de aderir a uma vida espiritual. Buda então percebeu que os seus seguidores teriam de obedecer a certas regras, sobretudo os cinco principais preceitos. São eles: não tirar a vida de outro ser, não tomar algo que não lhe seja dado, não praticar o sexo de má conduta, não praticar discursos vazios (calúnia e fofoca), e não ingerir álcool ou drogas. Vamos nos concentrar no terceiro preceito: *kāmesu micchācāra veramanā sikkhāpadam samādiyāmi*, ou "Eu me comprometo a abster-me da má conduta sexual".

Todos esses cinco preceitos têm sido interpretados de inúmeras maneiras ao longo do tempo e em diferentes culturas. No Ocidente, há algumas comunidades budistas em que os monásticos fazem o voto de se absterem da prática sexual, mas os praticantes leigos não o fazem. Algumas comunidades motivam os seus praticantes leigos a exercitarem os preceitos de maneira contínua, enquanto outras aplicam os preceitos apenas na ocasião de retiros extensos.

Eu acredito que qualquer observação desses preceitos pode ser útil para um praticante, desde que ele as guarde no coração. Porém, não consigo imaginar que Buda nos deixou tais preceitos para que, milhares de anos depois, seus seguidores brigassem pela "forma correta" de utilizá-los. Por alguma razão, eu penso que a história dos ensinamentos de Buda serve como um sinal sobre como devemos explorar o significado da má conduta sexual por nós mesmos.

Como mencionamos anteriormente, seguindo a sua iluminação, Buda saiu em busca daqueles com quem havia praticado meditação. Eles estavam bem desanimados em relação a Sidarta Gautama porque, na última vez que o tinham visto, ele havia abandonado o ascetismo rígido, um sinal de que o caminho espiritual traçado por ele não o levaria a lugar algum.

Quando Buda abordou os seus companheiros de meditação, eles notaram que sua aparência havia mudado muito. Buda carregava uma grande alegria e um espírito de presença extremamente contagiantes. Aproximaram-se dele e imploraram para que ensinasse como havia conseguido atingir tal maestria em sua mente. Em vez de falar sobre os preceitos e a disciplina, ele lhes fez um convite: "Venham e vejam vocês mesmos".

Com esse convite no pensamento, creio que seja importante definir o comportamento sexual compassivo considerando a individualidade. De fato, podemos trocar a ideia negativa de disciplina por uma força positiva a favor da nossa saúde. Em vez de pensar em como podemos "nos abster da má conduta sexual", deveríamos nos esforçar para encontrar maneiras de manter relações sexuais positivas.

Desenvolver o caminho da atividade sexual compassiva não é uma tarefa fácil. É difícil se desvencilhar da enorme quantidade de livros e revistas com ensinamentos e sugestões sobre sexo. Além disso, somos bombardeados o tempo todo pelo sexo promíscuo por meio da televisão, da internet e das revistas.

É muito importante encontrar a nossa maneira de levar a compaixão à nossa atividade sexual. Pode ser falando abertamente com o seu parceiro sobre o que você gosta. Outra opção é criar um ambiente confortável no qual vocês dois possam sentir totalmente a presença um do outro. Cabe a cada um definir o que o sexo compassivo significa.

Apenas uma noite: a visão, a atividade e o deleite

Uma reflexão que faço com frequência é como um "bom" budista pode continuar fazendo o sexo do tipo "apenas uma noite". Em minha opinião, creio que o sexo casual seja possível se você encarar a sua visão, a atividade em si e o deleite dessa situação com seriedade.

A visão

O importante em qualquer relação sexual, casual ou não, é considerar a sua própria motivação. Você está interessado em fazer sexo por uma noite porque está ocupado demais para ter um relacionamento, mas você tem afeição por essa pessoa e quer manter uma relação sexual com ela? Se a resposta for sim, é uma motivação digna de reconhecimento. Outro tipo de motivação é: "Estou bêbado, quero transar com ela e ela é uma mulher atraente". Esta motivação soa aos meus ouvidos como um problema.

Conhecer a sua motivação antes de tomar qualquer atitude é importante, ainda mais quando envolve outra pessoa em uma situação de risco, como é o caso de uma relação sexual. Existem riscos emocionais e físicos, e saber qual é a sua intenção é a chave para essa situação.

A atividade

A conduta é importante. Na minha concepção, há duas formas de atingir a iluminação. A primeira delas é sentar sobre a sua almofada e praticar a meditação sem parar, até estar totalmente desperto. A outra forma é trazer a meditação para a sua conduta, aplicando em cada aspecto de sua vida os princípios que você desenvolveu nessa prática.

Considerando o sexo, a boa conduta significa estar bem aberto e ser direto com o seu parceiro. Pode ser dizendo a essa pessoa claramente quais são as suas intenções ou certificando-se de que você está praticando sexo seguro. Ser sincero, autêntico e cuidadoso parece uma atitude bem simples, mas é essencialmente importante se você quer trazer alguém para o seu quarto.

O deleite

Este pode ser o indicador mais simples para saber se você trouxe a compaixão para "apenas esta noite". Simplesmente observe como você se sente na manhã seguinte. Aplicando a curiosidade para observar a si mesmo, você pode encontrar empolgação ou humilhação. Se você encontrar a última, muito provavelmente não vai querer tentar mais uma vez. Não é bom sentir-se assim, mas os erros são importantes ao longo do caminho; agora você sabe o que não quer fazer de novo e pode fazer um voto para nunca mais repetir essa ação. Mas, se sentir empolgação, você deve ser daquelas raras pessoas que podem praticar o sexo casual.

Em relação ao sexo, parece que, quanto mais descompromissada for a sua relação, maior a probabilidade de você causar danos a si mesmo e à outra pessoa. Muitos desses danos podem ser evitados se você se comunicar abertamente com o seu parceiro. É primordial para uma relação, independentemente do tempo que ela durar, manter a curiosidade sobre cada um e ter a consciência do quanto ambos mudam com o tempo. Manter tal curiosidade permite que você não crie falsas expectativas que colocam o seu parceiro contra a parede, impedindo-o de satisfazer as suas necessidades.

Tanto no sexo quanto no amor, há uma ferramenta que pode nos elevar e nos trazer grande satisfação: *bodhichitta*. Como ela é inerente a todos os seres humanos, é possível investigar como podemos abrir o nosso coração e como nos comunicar com o coração das pessoas que amamos. Abrir o coração sem nenhuma condição é o nosso caminho. É a maneira compassiva de viver em nosso mundo. Podemos nos machucar, mas, se quisermos crescer e encontrar o amor verdadeiro ou, pelo menos, nos esforçar para amar a todos, a *bodhichitta* é o caminho que devemos seguir.

11. Como aplicar a disciplina mesmo quando cortam a sua cabeça

No ensino médio, estudei em uma escola militar. Era uma escola como qualquer outra, com exceção de algumas coisas: o nosso mascote era um cadete, nós atirávamos com os rifles descarregados e vestíamos uniformes da Guerra Civil Americana uma vez por semana e em desfiles sazonais.

As pessoas ficam chocadas quando conto isso e ficam mais surpresas ainda ao saber que eu gostava muito daquela escola. Tinha algo que eu adorava quando marchava em meio a tantas pessoas. Havia um senso de disciplina na execução daquele ato; você precisava ter a sua mente e o seu corpo em completa sincronia. Se alguém se desconcentrasse ou se distraísse por algum motivo, perderia o passo do pelotão e ficaria numa má situação. Para se sair bem em uma atividade, você precisava estar totalmente presente. Quando todos do pelotão estavam completamente presentes e atentos aos passos dos companheiros, a fluidez do ritmo ininterrupto formava uma linda cena. Éramos apenas um grupo de adolescentes, mas, quando estávamos juntos e em plena disciplina de corpo e mente, reluzíamos a dignidade.

Disciplina é uma palavra que possui má reputação no Ocidente. Em geral ela é compreendida como algo imposto a nós por outras pessoas. Um pai deve impor a disciplina ao seu filho quando este se comporta mal, ou o instrutor da academia deve nos advertir em relação à nossa disciplina se quisermos perder peso. É como se a disciplina fosse algo sempre imposto a nós por outro alguém. Sabemos que essa forma de disciplina é para o nosso bem, mas isso não nos traz satisfação.

A disciplina como fonte de felicidade

Do ponto de vista do budismo, a disciplina não deve ser algo negativo; pode ser a fonte direta da nossa felicidade. Quando aplicamos a disciplina à nossa prática de meditação, com frequência temos um sentimento positivo. Para aqueles que praticam a meditação pela manhã, é a disciplina que lhes permite levantar da cama. A disciplina também nos desvia da nossa rotina e faz com que reservemos um tempo para sentar lá em nossa almofada de meditação. Então, aplicamos a disciplina para manter a postura adequada e voltamos à nossa respiração pelo tempo em que estivermos meditando. Ao término da meditação, nos sentimos satisfeitos porque essa forma de disciplina é algo que cultivamos por nós mesmos e, mais importante, é baseada na virtude.

A disciplina diretamente vinculada à virtude é o tipo de disciplina que o leão da neve tem. Uma maneira de avaliar se a disciplina está vinculada à virtude é observar se ela produz a sensação de gentileza. Se você sente que está sendo muito rígido consigo, provavelmente é o tipo de disciplina embasado na raiva. Essa rigidez neurótica é baseada em sua confusão mental. O leão da neve, ao contrário, baseia sua disciplina na confiança em sua bondade fundamental.

O interessante em nossa vida moderna é que temos oportunidades contínuas para testar se estamos aplicando a disciplina de maneira gentil ou se estamos fechando o nosso coração e nos tornando pessoas agressivas. Quando você está diante da luxúria, da raiva ou do preconceito, pode utilizar tais situações como oportunidades para treinar a disciplina da virtude.

Virtude não significa necessariamente um ponto de vista moralista. Desenvolver um conjunto de normas eruditas é contrário ao caminho do *dharma*. Prender-se a um conjunto de opiniões consolida o senso do "eu". Uma atitude nada compassiva é seguir um conjunto de normas e utilizá-las como arma contra os outros. Se fizer isso, acabará pensando menos nas pessoas porque criou um conjunto de princípios morais ao qual ninguém vai aderir. Essa ideia subjetiva de virtude é uma maneira rápida de sustentar o seu ego e cortar relações com as pessoas a seu redor.

Muito pelo contrário, no budismo, a virtude é a habilidade que o guerreiro tem de tocar o seu próprio coração. Agora que você já aprendeu sobre o discernimento, pode usar essa ferramenta para analisar caso a caso e decidir quando deseja se abrir e quando precisa se afastar. Ao compreender o que deve ser aceitado e o que ser deve rejeitado em sua rotina, o caminho do leão da neve consiste em aplicar a disciplina para seguir as suas intenções. Por exemplo, é fácil admitir que o seu namorado não lhe faz bem, mas é difícil terminar a relação. Ainda que seja um incrível ato de gentileza para você mesmo e para o seu parceiro, iniciar a conversa que o término de uma relação implica requer disciplina.

Práticas para aplicar a disciplina virtuosa

Aplicar continuamente a disciplina virtuosa não é tarefa fácil sob nenhum aspecto. Muitas vezes nos deparamos com pessoas que continuam priorizando os seus desejos sem necessariamente se importarem com aqueles que poderão machucar: o importante é conseguir o que querem.

O mestre de meditação do século XIV, Ngulchu Thogme, sabia muito bem disso e ofereceu 37 práticas a um *bodhisattva* – ou guerreiro de coração aberto – para que ele aceitasse viver assim. Muitas das práticas consistiam em aplicar a virtude mesmo nas situações mais difíceis. Por exemplo:

> Se alguém corta a sua cabeça,
> mesmo que você não tenha feito nada de errado,
> pelo poder da compaixão,
> tome os erros para si mesmo.
> Esta é a prática de um *bodhisattva*.[2]

No mundo de hoje, é muito mais provável que você se depare com alguém tentando entrar na sua frente na fila do cinema do que com alguém que queira cortar a sua cabeça. Em ambas as situações, a visão de Ngulchu Thogme prevalece. Ele diz que não importa o que façam contra você, inclusive atos de violência, você ainda tem a oportunidade de reagir com compaixão.

Mesmo que você não mereça de forma alguma essa agressão, pode tentar abrir o coração para o seu agressor. Você deve entender que a pessoa está confusa e pode se perguntar se ela analisou as suas ações antes de agir ou se ela está agindo de acordo com o seu estado emocional estagnado.

Quando você perceber que a pessoa está simplesmente confusa, demonstre empatia. Você também agiu sem pensar no passado e machucou as pessoas ao seu redor sem perceber. A compaixão nasce a partir dessa empatia.

Vejamos outro exemplo do manual de estratégia de Ngulchu Thogme:

---

[2] GYAMTSO, Khenpo Tsultrim. *The 37 Practices of a Bodhisattva* – por Ngulchu Thogme. San Francisco: Marpa Foundation, 1994.

Se alguém caluniar você,
Mesmo que ela espalhe essas mentiras pelo mundo inteiro,
Com o seu coração repleto de amor, reaja divulgando as qualidades dessa pessoa.
É a prática do *bodhisattva*.[3]

Todos nós somos alvo de fofocas que nos fazem parecer inferiores ou tolos. Ngulchu Thogme nos diz que, mesmo que alguém tente destruir a sua reputação, você não precisa necessariamente reagir procurando as pessoas para corrigir a opinião delas a seu respeito. Você também não precisa dar um soco no nariz do fofoqueiro. Pode parecer viável desfazer a sua má imagem, mas sair contando a todos que o seu adversário é uma pessoa desprezível porque espalha mentiras por onde passa não é a atitude de um *bodhisattva*.

Em vez disso, devemos reconhecer que a pessoa está tentando chamar a atenção de maneira muito errada e podemos descobrir algo a respeito dela que seja digno de elogio. Nesse caso, a disciplina da virtude deve ser aplicada para abrir o nosso coração enquanto somos atacados. Quando alguém se aproximar de você tentando enaltecer as diferenças entre você e ela, imagine o quanto este alguém ficará surpreso quando você começar a elogiá-lo! Você pode limpar o seu nome de diversas maneiras, mas, para contornar definitivamente a situação, experimente ser honesto e compassivo com o fofoqueiro.

No meio da multidão,
alguém revela os seus defeitos íntimos e faz de você o alvo desses defeitos,

---

[3] Idem.

para que o veja como um amigo espiritual e se curve diante
dele com respeito.
Esta é a prática de um *bodhisattva*.[4]

Neste trecho, Ngulchu Thogme refere-se a uma experiência pela qual muitos de nós já passaram: você está com algumas pessoas e alguém comenta algo a seu respeito que toca no seu pronto fraco. O seu impulso pode ser mudar de assunto ou negar a acusação, mas fazer isso vai apenas somar mais uma camada de proteção ao redor do seu coração.

Se alguém aponta uma falha que você cometeu, ainda que em tom de brincadeira, o melhor a ser feito é refletir sobre o que essa pessoa apontou. Você pode descobrir que aquela crítica foi necessária. Se for esse o caso, não veja aquela pessoa como uma "carrasca", e sim como um amigo espiritual. Afinal, ela o ajudou a aprender algo novo a respeito de você mesmo.

Normalmente nós procuramos um mentor ou um conselheiro espiritual que aponte as nossas deficiências e falhas, mas não procuramos um colega de trabalho ou um amigo. A disciplina em aplicar a virtude nesse caso consiste em ultrapassar o nosso orgulho ferido e reconhecer que qualquer pessoa pode nos ensinar quando ela nos dá a oportunidade de crescimento espiritual. Esta atitude não pode ser considerada uma retaliação sob nenhum aspecto, pois ela nos concede a oportunidade de respeitar esse novo amigo espiritual.

Os benefícios da prática da virtude

Ao praticar a disciplina virtuosa, acredita-se que você experimenta o oposto do que sente ao cair na armadilha da dúvida. A fé em nossa bondade fundamental aumenta. Utilizamos

[4] Idem.

todos os nossos desafios como parte do nosso caminho de virtude. O resultado é que nos tornamos semelhantes ao leão da neve, desatrelados do nosso pensamento habitual e livres para atravessar as mais elevadas esferas emocionais. As virtudes dessas esferas emocionais incluem:

Princípio de elevação. Você experimenta a sensação da felicidade. Como não pensa mais apenas em proteger a si mesmo, lhe sobra grande quantidade de energia para outras atividades.

Senso de saúde e intimidade. Quando você tem muita energia, pode cuidar melhor de si mesmo. Você se respeita o bastante para comer bem e se dedicar a praticar exercícios físicos. Passa a enxergar as situações de forma ampla e consegue agir em conjunto, representando a si mesmo com muita dignidade.

Precisão e brilho. Esse brilho não se refere à genialidade, mas à qualidade do que é radiante. Você se torna mais preciso tanto em suas intenções como em suas ações. Esse nível de precisão é contagiante e vívido.

Estar disponível para as outras pessoas. Como você não está mais preocupado apenas consigo mesmo, você deixa o seu coração disponível para todos a seu redor. Você não se enxerga mais como o número um e passa a tratar todas as pessoas como se estivessem no mesmo nível.

Bondade autêntica no comportamento e na atitude. Você não precisa se preocupar necessariamente em ter um ponto de vista puramente moral. Se as suas ações estão diretamente relacionadas à sua bondade fundamental, elas são naturalmente boas. As pessoas passarão a perceber, com base na sua conduta, que você está sempre propagando a bondade.

Sincronização entre corpo e mente. É possível atingir muitas realizações porque o seu corpo e a sua mente estão em sincronia. Assim como aquele grupo de cadetes adolescentes se tornam dignos no pelotão, há certa mágica em sua existência. Mesmo que você esteja apenas caminhando em uma rua comum, o seu passo tem certo ritmo; o ritmo do leão da neve.

Cavalgando ao vento

Quanto mais aplicamos a virtude, mais podemos conduzir a energia natural da nossa existência, o nosso *cavalo de vento.* Em tibetano, esse termo é conhecido como *lungta. Lung* significa "energia" ou "vento", enquanto *ta* significa "cavalo". Bem como o cavalo, podemos conduzir a energia da nossa vida e permanecer com a mágica que nos envolve a cada momento.

O princípio do cavalo de vento é o de que temos uma energia incessante dentro de nós com a qual mantemos o contato durante o nosso dia. Quando nos fechamos para o mundo, dizemos que estamos com "baixa energia". Na verdade, queremos dizer que não estamos em contato com o nosso cavalo de vento, aquele que produz a nossa atividade energética.

Ao empregar a virtude, entramos em contato com o cavalo de vento. Sentimo-nos conectados ao nosso mundo. Mesmo quando energias negativas surgem, não nos enfurecemos diante delas e as vemos como oportunidades para abrir ainda mais o nosso coração. Além disso, aplicamos a disciplina para não escapar do momento real, e assim não fugimos das nossas dificuldades. Em vez disso, nos empenhamos e nos abrimos mais ao mundo, conduzindo a energia natural da nossa vida.

12. Conduza as ondas da sua vida

Imagine-se em uma praia. Está muito calor e há muitas pessoas. Quando você olha à sua volta, todos estão brigando entre si, discutindo e procurando o melhor lugar na areia para se apossarem, rejeitando o direito que cada um tem de usufruir da mesma praia. A beira do mar está tão cheia de lixo que você não se sente confortável para sentar. Depois de ficar algum tempo nessa praia completamente suja, é difícil até mesmo retornar ao seu consciente e deixar aquela imagem para trás.

Você entra no mar e nada com força para se afastar dali. Nada sem parar, embora as ondas tentem lhe arrastar para trás. Quando uma onda forte se aproxima, você mergulha nela e torna essa uma experiência revitalizante, em vez de tratar a onda como um obstáculo. Quando olha para trás e vê a praia, você sente repugnância, o que o motiva a seguir em frente e se distanciar ainda mais.

Então, você começa a avistar outra praia um pouco distante, e isso o motiva a nadar mais rápido. Finalmente você chega à tal praia. A areia é linda, o ar puro e fresco, e você se sente feliz e satisfeito por ter deixado a outra praia cheia de sofrimento para trás.

Porém, quando você olha para a praia de onde veio, fica com o coração partido, porque todos os outros ainda estão lá, e agora ainda mais angustiados do que estavam antes de você partir. Você pensa: "Se pelo menos aquelas pessoas percebessem que estão sofrendo e se esforçassem, poderiam chegar a esta praia limpa e agradável". Você quer incluí-las naquele momento e começa a nadar de volta, na tentativa de mostrá-las aquela linda praia. Este é caminho do *bodhisattva* iluminado.

A maioria de nós já olhou à sua volta e percebeu que a praia não se parece nada com o que as revistas mostram. Há dor, mágoa e raiva à nossa volta. Sentimos uma vontade enorme de fugir desse sofrimento, assim como grandes mestres budistas também já sentiram. O mar, no caso da praia, representa a nossa fuga.

Uma história conta que, certa vez, Buda jogou a sua tigela no rio e ela flutuou contra a correnteza. Da mesma forma, se percebemos que estamos tentando fugir dessa maré de dor e angústia, temos que nos esforçar para reagir de maneira diferente da que as pessoas costumam reagir. Quando estivermos diante de um grande obstáculo, não devemos evitá-lo, mas considerá-lo como parte do nosso caminho. Mergulhamos na onda desse obstáculo e logo vem outra onda para nos revitalizar. Quando percebemos que os outros ainda estão perdidos em seus problemas habituais, vemos as suas dificuldades e usamos esse conhecimento como motivação para tentar fazer algo além das nossas reações habituais.

Para muitos de nós, esse é o sinal de que estamos no caminho; permanecemos no mar, seja lutando contra as ondas que tentam nos arrastar para trás, seja mergulhando nelas e encontrando novas e compassivas formas de lidar com as adversidades. Em algum momento, nessa correnteza, avistamos a praia do outro lado e nos sentimos motivados a chegar lá. Esta outra praia simboliza a iluminação.

A CAMINHO DA OUTRA PRAIA

Ao seguirmos o passo do *bodhisattva*, há seis princípios que podem ser extremamente úteis em nossa jornada para o despertar. São as *paramitas*, ou ações superiores. *Param* pode ser traduzida como "a outra praia", enquanto *ita* significa "chegada". Por meio da prática dessas seis perfeições é que podemos navegar com habilidade pelos obstáculos da nossa vida, chegar ao outro lado da praia e encontrar a iluminação.

Essas seis *paramitas* nos ajudam a ponderar o nosso ego e a abrir a nossa mente para uma visão mais ampla: a visão do despertar inabalável. As *paramitas* são: generosidade, disciplina, paciência, esforço recompensador (ou energia), meditaçao e *prajna* (conhecimento superior).

Generosidade

A beleza do leão da neve é exuberante porque ele não se retém a nada. Emoções fortes e dúvidas não o depreciam, então por que ele se esforçaria para manter os bens materiais? O leão da neve é incrivelmente generoso porque sabe que agindo assim tem grandes chances de se tornar mais gentil, uma criatura melhor. Seguir o caminho do leão da neve é perceber quando você está sendo mesquinho e usar esse conhecimento para se oferecer integralmente em tais situações.

A generosidade do ponto de vista do budismo não é ajudar alguém que está abaixo de você. Não estamos oferecendo dinheiro a uma pessoa que não tem onde morar porque acreditamos que somos melhores que ela, e sim porque sabemos que, quando se trata do coração, todos nós possuímos a mesma bondade fundamental.

Às vezes, percebemos que estamos precisando de dinheiro ou que estamos extremamente ocupados. Por alguns anos, presidi um comitê de profissionais responsáveis por arrecadar fundos com a missão de encontrar maneiras de estimular a generosidade dentro da comunidade budista. Quando a economia entrou em crise, em 2008, abrimos o nosso encontro anual com uma triste notícia: as pessoas não poderiam colaborar mais como colaboravam no passado. Muitas instituições com as quais trabalhávamos e que dependiam plenamente das nossas doações sofreram as consequências.

Poderíamos ter interrompido o nosso comitê e encerrado a nossa missão de angariar fundos, porém tivemos uma abordagem diferente. Embora nosso foco fosse arrecadar dinheiro, sentimos que as pessoas poderiam oferecer muito mais que isso. A partir dessa constatação, adotamos um novo lema: "Todo mundo tem algo a oferecer".

A generosidade está fundamentada no reconhecimento de que você é capaz de oferecer e fazer um pouco mais. É passar por um período ruim, mas consciente de que as outras pessoas passaram por algo ainda pior. Então, você reserva um tempo para ajudar os demais, talvez trabalhando como voluntário em um abrigo de animais. Generosidade é ver o seu saldo bancário baixo e oferecer ao seu amigo um empréstimo porque ele está em uma situação ainda pior que a sua. É quando você está atrasado, mas fica conversando com alguém que está enfrentando algum problema e precisa desabafar. O quanto você tem a oferecer deve estar sempre baseado no cuidado consigo mesmo, mas também em quão longe você pode chegar para ultrapassar a sua zona de conforto e fazer o bem aos outros.

Em tempos difíceis, talvez você não possa oferecer suas moedas ao morador de rua. Quando isso acontecer, ofereça a ele um sorriso. Olhe nos olhos dessa pessoa e diga: "Desculpe, mas hoje não posso te ajudar". Mesmo que você não possa oferecer ajuda financeira, pode proporcionar a ele uma forma legítima de interação.

A ideia de que todos nós temos algo a ofertar é sustentada pelo fato de que somos essencialmente bons. Podemos recorrer à força da nossa bondade fundamental e oferecê-la em qualquer situação com a qual nos deparamos. Quando estamos em contato com o *bodhichitta* – o nosso coração desperto – sempre teremos algo a oferecer. Podemos oferecer os nossos bens materiais, nosso tempo, nosso apoio emocional, tanto faz. O importante é que a oferta seja feita de coração, pois é assim que fazemos a diferença no mundo.

A boa notícia é que, durante a nossa viagem a caminho da outra praia, o mundo sempre nos oferecerá oportunidades. Quando nos deparamos com alguém que nos pede algo, devemos lembrar que a generosidade é uma forma de ponderar o nosso ego. Nas palavras de Sakyong Mipham Rinpoche: "Prender-se ao nada é uma maneira de nos prendermos a nós mesmos".

Disciplina

Virtude e disciplina andam de mãos dadas. Como discutimos no Capítulo 11, ter disciplina não significa que devemos nos prender a uma sequência de regras, mas que devemos manter o nosso pensamento na visão da bondade fundamental.

A disciplina do leão da neve é baseada no discernimento do tigre. Quando descobrimos quais são os aspectos de nossa vida que nos trazem virtude, o caminho do leão da neve consiste em se manter firme e se concentrar nas atitudes que lhe trazem alegria. Muitas vezes essas atitudes são baseadas na virtude e na compaixão. Para o *bodhisattva* que está treinando para trabalhar com seus obstáculos, a disciplina de permanecer totalmente presente e encorajado pelo seu coração é o que o leva a seguir adiante no caminho espiritual.

Paciência

O leão da neve é infinitamente paciente. A paciência é algo que os nossos pais nos pedem para cultivar desde pequenos. Nunca queremos ser pacientes; a paciência, bem como a disciplina, nos parece ser imposta como uma necessidade de vida.

A opinião convencional que temos sobre a paciência é a de "espere pra ver". Por exemplo, recebemos uma mensagem de texto da nossa namorada dizendo: "precisamos conversar". Temos de ser pacientes e esperar para encontrar essa pessoa para saber do que se trata. Entretanto, começamos a imaginar se a conversa se refere a algo bom ou ruim. Queremos superar logo essa experiência (seja ela qual for).

A paciência do ponto de vista do budismo não é uma atitude "espere pra ver", mas o ato de "apenas estar lá". A paciência deve ser algo que nos traga satisfação em cultivar. Quando você está meditando, uma emoção forte, como o medo, por exemplo, pode surgir. Você começa a pensar: "E se a minha apresentação de amanhã der errado?". Aquele medo começa a tomar conta de você à medida que a sua mente imagina diversas situações possíveis. Agir pacientemente nesse caso é permanecer presente com a emoção, deixá-la fluir como a maré e voltar a sua atenção para a respiração o máximo possível.

Ser paciente também significa não esperar nada. Pense na paciência como o ato de estar aberto para o que estiver à sua frente. Quando você começa a consolidar expectativas, você se frustra, porque o resultado nunca sai como esperou. Porém, quando relaxa em relação ao que vem pela frente e não faz suas próprias projeções, não há com o que se preocupar. Sem nenhuma suposição a respeito de como as coisas deveriam ser, dificilmente você fica preso ao resultado final. Então você permanece no presente e aberto às possibilidades que a vida lhe trouxer.

Esforço recompensador (energia)

Ao saltar de montanha em montanha, o leão da neve ultrapassa a armadilha da dúvida com muita energia. Em momentos diferentes da nossa trajetória, podemos cair na armadilha da dúvida e passamos a nos perguntar o que estamos fazendo ao pôr em prática essas características. Olhamos para a praia que ficou para trás e pensamos: "Talvez não fosse tão ruim assim. Claro, era muito suja e desagradável, e as pessoas estavam atordoadas, mas ser arrastado pelo mar também não é nada bom". Então nos enfraquecemos e permitimos que as ondas nos arrastem.

Quando você sente preguiça, é apenas um sinal de que você deve tentar engajar o seu mundo de maneira mais completa. Se a sua prática está ficando menos frequente, tente fazer algum trabalho voluntário ou fique mais tempo com alguém que precise do seu apoio.

Esforçando-se para fazer o bem às outras pessoas, você sente uma alegria voluntária. Você se conecta com a sua bondade fundamental e encontra mais inspiração para a sua jornada. A vida não lhe parece mais tão incômoda. É possível apreciar cada detalhe do seu mundo, como preparar o jantar, ir ao cinema com os amigos e até pagar as contas. Você se esforça para estar presente em todas as suas atividades, impulsionado pela experiência da sua força autêntica, a sua bondade fundamental.

Meditação

O leão da neve mantém a consciência meditativa para entender melhor como pode ajudar as outras pessoas. Pode parecer óbvio, mas um *bodhisattva* trabalha meditando constantemente à medida que os obstáculos aparecem em sua vida. Criamos afinidade com o nosso próprio estado emocional ao praticar a meditação. Você já sabe que, ao se apegar ao conceito do "eu" e enxergá-lo como real e sólido, apenas sentirá mais dor. O caminho *bodhisattva* consiste em abandonar as opiniões fixas e olhar para a vida como ela está agora. Estando sempre presente no seu mundo, você tem a chance de transformar qualquer adversidade em uma oportunidade para praticar a compaixão.

Prajna

Estas *paramitas* são excelentes, mas, com o intuito de aplicá-las de maneira efetiva, é necessário seguir o exemplo do leão da neve e desenvolver o seu próprio *prajna. Pra* pode ser traduzido do sânscrito como "superior" e *jna* como "conhecimento". Assim, *prajna* é o conhecimento superior ou, para ser mais específico, a sabedoria da consciência distintiva. *Prajna* significa que, ao aplicar o discernimento e a ampla consciência, podemos enxergar todas as coisas como elas verdadeiramente são.

Prajna é a qualidade de olhar as situações sem fazer nenhuma projeção a respeito delas. É excluir o "eu" do problema para enxergar a melhor solução. Quando o seu próprio ego não é mais o determinante do curso natural das suas ações, significa que você removeu a maior barreira que o impedia de ver a situação como ela de fato é.

Ao prestar atenção a determinada situação sem se prender às suas próprias opiniões, a oportunidade de fazer a coisa certa sempre aparece. Este é um dos momentos "Venha e veja por si mesmo" do budismo. Diante de uma situação difícil no trabalho ou com amigos, pare e pense um pouco, dê a sua própria opinião ao problema e conceda espaço a essa situação. Enquanto isso, observe se a solução surge naturalmente. Nesse momento, aplicar uma das *paramitas* pode conduzi-lo ao melhor caminho.

As *paramitas* são superiores porque podem ser aplicadas graças à *prajna* – a inteligência que torna as atividades efetivas. É o reconhecimento de que precisamos ultrapassar o nosso ponto de vista fixo para obter uma opinião ampla sobre como lidar com a situação.

Em um verão, quando eu vivia em Karmê Chöling, um centro de retiro em Vermont, tive a oportunidade de ver a *prajna* em ação. Foi um verão bastante agitado, com centenas de pessoas praticando a meditação. Todos os funcionários da cozinha e do jardim trabalhavam sem parar para se certificarem de que todos estavam bem-servidos. A tensão começou a aumentar à medida que as pessoas ficavam cada vez mais exaustas.

Certo dia, um homem muito gentil atravessou o jardim com uma caixa cheia de tomates e chegou à cozinha. Na pressa, ele colocou a caixa sobre a bancada, exatamente no lugar onde alguém estava cozinhando. Aparentemente, não foi a primeira vez que isso aconteceu.

Quando o jardineiro voltou ao seu posto de trabalho, a porta da cozinha se abriu e lá estava o chefe com a caixa de tomate nas mãos. Sem pronunciar uma palavra, ele jogou a caixa em cima do jardineiro. A caixa caiu no chão e tomates voaram por toda a parte.

Por um momento, todos no jardim ficaram pasmos e em silêncio. O chefe da cozinha e o jardineiro se olharam fixamente. Depois de algum tempo – que pareceu a eternidade –, cada um voltou ao seu posto de trabalho.

Naquele instante, uma chuva de opiniões começou a cair. Algumas pessoas comentaram como era inconveniente um episódio daqueles em um centro de meditação. Outros mencionaram que era necessário meditar. Outros ainda comentaram que um dos dois deveria ser demitido. Cada um tinha o seu próprio ponto de vista sobre o assunto.

Em meio a esse conglomerado de opiniões, um homem jovem se levantou e, sem dizer uma só palavra, colocou a caixa de tomates em cima do balcão. Então, começou a pegar os tomates um por um e os colocou de volta na caixa. Em seguida, o homem retirou a caixa do "local do crime", para que o assunto fosse tratado depois que aquele momento de raiva passasse.

Não me lembro exatamente do que aconteceu ao final daquilo tudo. Creio que ninguém lembre também. Mas eu me lembro claramente que, enquanto todos estavam preocupados em defender o seu ponto de vista, um jovem cortou aquela nuvem de julgamentos ao enxergar a situação de forma clara. Ele sabia que a melhor coisa a ser feita naquele momento era observar o seu ego pela porta. Uma vez que ele o fez, enxergou o que ninguém havia feito ainda: que os tomates deveriam ser guardados e que, assim, os ânimos poderiam se acalmar. Ele abriu espaço em meio a toda aquela confusão. Essa foi a ação mais compassiva que alguém poderia realizar naquele momento.

Assim como esse jovem rapaz, não devemos tratar as *paramitas* como um grande esforço que precisa ser planejado. Também não precisamos nos tornar super-heróis e lutar contra o inimigo sempre. Pelo contrário. Devemos estar presentes em nosso mundo e oferecer ajuda sempre que houver oportunidade. Pode ser o ato de pegar uma garrafa da calçada e levá-la até o depósito de reciclagem, fazer uma doação a uma instituição que gostaríamos de ajudar ou apenas "segurar" o elevador para esperar alguém entrar.

Quando nos empenhamos em seguir as *paramitas*, as ondas que representam os obstáculos não mais nos abatem. Sabemos como trabalhar com esses obstáculos e fazemos deles uma parte do nosso caminho. Na prática, nós saboreamos a chance de empregar a generosidade, a disciplina, a paciência, o esforço recompensador, a meditação e a *prajna*. Sabemos que, ao aplicar as seis *paramitas*, fazemos bem às outras pessoas e também aperfeiçoamos o nosso treinamento como *bodhisattva*.

Ao aplicar as seis *paramitas* sempre que possível, nós conduzimos a nossa existência "samsárica" com graça e dignidade. Essas são as ferramentas que todos os mestres iluminados desenvolveram ao longo de anos de prática. Se seguirmos os seus passos, também seremos capazes de chegar ao outro lado da praia. Não muito diferente desses mestres, quando chegarmos ao outro lado da praia de iluminação, vamos olhar para trás e, vendo todas aquelas pessoas sofrendo, seremos tomados por um grande desejo de ajudá-las. Os grandes mestres de meditação são conhecidos justamente porque voltaram e voltam àquela praia cheia de sofrimento para buscar as pessoas para o despertar verdadeiro. E tudo começa com as seis *paramitas*.

Prática de contemplação da bondade amorosa

Uma maneira de começar a observar as *paramitas* é tentar o *matri*, ou a bondade amorosa, contemplação. Comece meditando por poucos minutos, praticando a *shamatha*. Aproveite essa sessão curta de meditação para entrar em contato com o seu ser. Ao retornar para a sua respiração sempre que necessário, você deixa de lado os pensamentos fixos.

Dentro desse espaço, comece desejando a você a felicidade verdadeira. Você não precisa pensar em um enorme enigma esotérico. É possível desejar coisas simples, como dormir mais tempo, ter um bom fim de semana ou aproveitar o encontro à noite com os amigos. Por último, deseje a felicidade a você de maneira geral. Após um ou dois minutos desejando a bondade amorosa a você mesmo, pense: "Que eu possa usufruir dessa felicidade e me libertar do sofrimento".

Nesse momento, pense em alguém que você ama. Pode ser a sua mãe, o seu animal de estimação, o seu parceiro ou qualquer outra pessoa que lhe inspire grande adoração. Traga ao pensamento essa imagem e algumas qualidades dessa pessoa que você admira, ou pense apenas no nome dela. Então, deseje a felicidade a ela com as suas próprias palavras. Pense: "Que ele possa conseguir aquele emprego" ou "Desejo que a minha mãe tenha um excelente aniversário". Se nada vier à sua mente especificamente, apenas deseje a essa pessoa a felicidade em geral, saúde e bem-estar. Depois de alguns minutos, encerre a sessão dizendo: "Que [pense no nome da pessoa] tenha felicidade e se liberte do sofrimento".

Tente fazer o mesmo com um amigo seu. Pode ser aquela pessoa que lhe traz alegria quando você está mal ou aquela que você encontra de vez em quando para tomar uma cerveja. Pense nesse amigo e no que ele ou ela está buscando em sua vida. Deseje a ele sucesso e felicidade e concentre-se nisso por alguns minutos. Então, encerre essa sessão de meditação pensando: "Que [pense no nome da pessoa] tenha felicidade e se liberte do sofrimento".

Agora pense em alguém que você não conhece muito bem, mas que você vê com certa frequência. Pode ser aquela pessoa que lava as suas roupas esporadicamente, um colega de classe, o carteiro ou qualquer outra com quem você não tem muita intimidade. Como não os conhece muito bem, você não fica pensando nessas pessoas à noite, preocupando-se com os problemas que elas possam ter. Então, como você não sabe muito sobre elas, tente desejá-las a felicidade. Saiba que elas querem ser felizes, assim como você. Depois de alguns minutos, diga para si mesmo: "Que essas pessoas tenham felicidade e se libertem do sofrimento".

Traga para a sua mente agora alguém que você realmente não gosta. De maneira geral, nós pensamos nessa pessoa como um inimigo. Consciente de que você não tem nenhum inimigo, eu sugiro que você pense em alguém com que não se relaciona bem. Mesmo que emoções fortes sobre essa pessoa apareçam, tente desejar a ela a felicidade da maneira que você considerar mais conveniente. Pode ser algo mais específico, como, por exemplo, desejar que ela obtenha sucesso naquela prova de atletismo ou que ela encontre felicidade no amor. Após alguns minutos pensando nela, conclua: "Que essa pessoa tenha felicidade e se liberte do sofrimento".

Nesse momento, deixe a sua bondade amorosa se expandir de maneira que você inclua todas as pessoas em quem você pensou. Não as considere amigas ou inimigas e elimine as suas opiniões, desejando-lhes a felicidade como um grupo: "Que todos eles possam atingir a felicidade e se libertem do sofrimento". Permaneça com esse sentimento por um ou dois minutos.

A partir daqui, estenda a sua bondade amorosa ainda mais. Sem nenhuma discriminação, ofereça essa emoção a todas as criaturas. Comece pela sua vizinhança, desejando felicidade a todos do seu prédio ou do seu bairro. Então siga adiante, oferecendo a felicidade e a libertação do sofrimento a todos que moram em sua cidade, no seu Estado, no seu país e assim por diante, até que a sua bondade amorosa seja oferecida ao mundo todo. Você pode pensar consigo mesmo ou dizer bem alto: "Que todas as criaturas possam desfrutar da felicidade e do caminho que conduz a ela".

Permaneça presente com o que vier ao seu pensamento. Após desejar a felicidade a todos, relaxe diante do significado desse propósito e da experiência do amor. Permita que o amor preencha o seu coração até você irradiá-lo a todos os seres humanos. Repouse a sua mente nesse estado.

Você pode usar essa prática regularmente como uma inspiração para expandir o seu coração às outras pessoas. Se você praticar a contemplação da bondade amorosa pela manhã, não terá nenhum impedimento para empregar as práticas do *bodhisattva*.

Ao final do dia, você pode refletir sobre o quanto desejou a felicidade às outras pessoas e o quanto tem aplicado as seis *paramitas* à sua vida. Não é um momento para julgamentos; se você perceber que não trabalhou o suficiente com esses princípios durante o dia, poderá continuar no dia seguinte. Caso você perceba que aplicou as práticas da bondade amorosa e da compaixão ao seu dia, deve comemorar da maneira que considerar mais conveniente.

13. Traga a luz a um mundo escuro

Em algum momento, o nosso caminho espiritual não se refere somente a nós, mas também consiste em fazer a diferença no mundo. Temos uma escolha muito simples: render-nos ao excesso de desejo, à raiva e à ignorância que nos cercam ou simplesmente optar por confrontá-los.

Podemos aplicar a disciplina do leão da neve para ir além dos nossos hábitos e encarar as situações difíceis com compaixão, disciplina virtuosa e as seis *paramitas*. Ao seguir esse trajeto, traremos a luz até mesmo aos cantos mais escuros do nosso mundo. Vamos observar como é possível aplicar os recursos do leão da neve a aspectos importantes da nossa vida: o trabalho, a família, o dinheiro, o trabalho voluntário e a liderança compassiva.

Nosso trabalho

O leão da neve sabe que qualquer pessoa que ele encontrar durante o seu dia é digna de compaixão. A maioria de nós passa boa parte do dia cercada por pessoas que não necessariamente escolheu como companhia: os nossos colegas de trabalho, chefes, colegas de classe ou professores. Alguns deles são chatos, outros extremamente ansiosos, alguns até são irritantes. Não podemos passar o dia inteiro no trabalho ou na escola pensando no momento em que nos livraremos dessas pessoas. Se quisermos nos tornar guerreiros verdadeiros neste mundo, precisamos nos manter no presente e aplicar a atitude compassiva a essas pessoas.

Para ajudar, você pode deixar uma lista com as seis *paramitas* em cima da sua mesa. Sugiro que você escreva cada uma delas em um cartão e o mantenha em algum lugar à sua vista. Quando você atender ao telefone e alguém começar a falar descontroladamente sobre como você deveria ter feito determinado trabalho, automaticamente você sentirá vontade de interromper essa pessoa e corrigi-la. Imagine que bênção seria se, naquele momento, os seus olhos se voltassem para a palavra *paciência*. A pessoa do outro lado da linha falaria até se sentir exausta, enquanto você se concentraria no caminho digno e superior, aplicando essa *paramita*.

Garanto que pelo menos uma *paramita* por dia você vai utilizar no seu trabalho. Você pode empregar a generosidade no horário do almoço, quando um colega de trabalho está com pouco dinheiro e não para de olhar para o seu sanduíche. Quando uma reunião está saindo do controle, você pode sintonizar a mente meditativa e trazer a conversa de volta para o momento real. Sempre que estiver diante de uma situação de trabalho estressante, leia mentalmente as seis *paramitas* e veja como você pode aplicá-las de maneira criativa.

Nossa família

A nossa família pode ser uma excelente oportunidade para a prática espiritual. Por exemplo, pode haver um momento na vida de um jovem em que ele percebe que os seus pais não conseguem mais ficar juntos. Sim, a sua mãe ou o seu pai têm um emprego fixo, eles conseguem permanecer casados e até mesmo mantêm o colesterol sob controle. Ao mesmo tempo, aposto que a sua mãe e/ou seu pai admitiram que não têm a vida que planejaram. Eles não tinham à mão um manual para educar você e nem mesmo para definir suas vidas profissionais, e isso significa que você também não terá esse manual. Essa consciência pode trazer decepção, confusão e frustração.

O caminho do leão da neve nos mostra que não devemos ceder a esse tipo de dúvida. Em determinado momento, a relação entre pais e filhos muda. Você não precisa se assustar ao perceber que os seus pais não são seres humanos perfeitos; você pode digerir isso. Essa consciência pode abrir portas para a compaixão. Em vez de se distanciar das questões familiares, você pode aplicar a disciplina virtuosa demonstrando preocupação e incentivando o diálogo. Essa atitude pode gerar uma via de mão dupla em que você e os membros da sua família podem aprender mais um sobre o outro. Parte dessa demonstração de compaixão pela nossa família (todos os membros, não apenas os nossos pais) envolve estar disponível para ouvi-los mesmo quando o assunto for doloroso.

Sabemos por experiência que a nossa vida se desintegra de diferentes maneiras, o tempo todo. Qualquer ilusão de segurança que possamos encontrar em circunstâncias externas pode desaparecer a qualquer momento. As pessoas mais preciosas para nós, os membros da nossa família, têm o mesmo sentimento. Por mais doloroso que seja vê-los em uma situação difícil, muitas vezes a atitude mais compassiva que podemos ter é permanecer ao lado deles, completamente presentes enquanto eles superam esses desafios. Oferecer o seu apoio, ainda que a circunstância seja difícil, é a atitude de um *bodhisattva*.

Nosso dinheiro

No Capítulo 7, vimos como aplicar as características do tigre para ter uma relação sadia com o dinheiro. Porém, tratar o dinheiro como parte do nosso caminho espiritual está além da nossa relação pessoal com os bens materiais. Sempre que usamos o dinheiro, estamos nos relacionando com as pessoas. Por meio das *paramitas* de generosidade e disciplina, podemos entender como o dinheiro afeta o mundo à nossa volta. Se usufruirmos dele corretamente, observaremos o tradicional ditado budista: "A generosidade é a virtude que conduz à paz".

Ao utilizar o discernimento do tigre, vemos como o dinheiro pode ser gasto de maneiras que nos fazem sentir bem (um bom presente de aniversário para um amigo, por exemplo), bem como quando gastamos e não nos sentimos tão bem (um video game caro que compramos por impulso e que deixa a nossa carteira vazia quando queremos levar a nossa sobrinha para almoçar, por exemplo). Passamos a notar quais gastos nos fazem felizes e quais nos trazem dor.

A partir daí, podemos aplicar a disciplina do leão da neve e seguir por meio do nosso discernimento. Se descobrirmos que nos sentimos felizes ao ajudar uma criança pobre que vive em outro país, então a disciplina do leão da neve nos mostra que devemos seguir a nossa intenção e fazer o contato real com essa criança ou aumentar o nível da nossa oferta. Se você perceber que não gosta de pagar caro nas compras da mercearia, a disciplina do leão da neve sugere que você dê uma volta pelos arredores e procure por uma mercearia que esteja de acordo com a sua intenção.

Algumas pessoas sentem vontade de fazer um investimento. Ao conscientizar-se de que a forma como gastamos o nosso dinheiro afeta o mundo à nossa volta, temos de nos preocupar com o destino do nosso dinheiro. Você pode decidir entre investir em algo que irá trazer mais rendimento ou investir em algo que traga menos danos. Essa decisão é muito relevante, porque não é baseada somente no seu bem-estar pessoal e financeiro, mas na economia global, o que significa que impactará muitas pessoas por todo o mundo.

É possível encontrar muita satisfação ao oferecer doações para instituições de caridade. Oferecer um pouco mais do que você está acostumado a doar permite que você fortaleça os músculos da sua generosidade. Você não está apenas fazendo a diferença no mundo; está também evoluindo como pessoa. O dinheiro passa a ser visto como um instrumento para benefício dos outros. Você não deve olhar pra o dinheiro como "sou eu contra o mundo", mas pode usá-lo para melhorar o mundo e você mesmo.

O TRABALHO VOLUNTÁRIO

Creio que a melhor maneira de seguir o caminho do *bodhisattva* é o trabalho voluntário. Levar a prática da meditação para os grupos menos favorecidos da sua comunidade é como levar uma lanterna para dentro de uma caverna. O seu coração irradia luz, tocando a todos diretamente.

Recentemente, eu li que uma das principais metas para o ano-novo nos Estados Unidos é aumentar a participação em trabalhos voluntários. Trata-se de uma expectativa geral, como ter mais tempo para a família e para os amigos, mas é algo que aparece nas listas de metas ano após ano. Como uma nação, parece que os norte-americanos precisam de ajuda. Não estamos rompendo a nossa rotina o suficiente para nos dedicarmos ao voluntariado.

Alguns anos atrás, meu professor, Sakyong Mipham Rinpoche, pediu a seus alunos que assumissem formalmente um posto como voluntários. Eu acabei indo jantar com um amigo que trabalhava em um asilo e, antes mesmo que percebesse, já estava sendo um voluntário naquele lugar, onde passei algum tempo com três idosos em fase terminal.

Os três idosos estavam muito distantes de mim e não pude conversar com eles por muito tempo. O máximo que pude fazer foi oferecer a minha presença. Isso significa que permaneci ali por algumas horas, com a minha presença constante enquanto eles pegavam no sono ou conversávamos sobre qualquer assunto que surgia no pensamento deles quando estavam acordados. Não foi complicado nem mesmo demorado. Na verdade, foi algo simples e bastante direto. Tive apenas de me oferecer a eles e sem nenhum julgamento.

Apesar de não termos conversado em detalhes sobre nenhum assunto, eu me senti muito próximo a eles e, cada vez que um deles partia, eu ficava imensamente triste. Sem que eu percebesse, aquele contato havia me tocado profundamente. Enquanto eu pensava que estaria oferecendo algo, aprendi muito ao conhecer um pouco sobre suas vidas e observá-los enquanto lutavam contra a velhice e a morte.

Quando você assume um trabalho voluntário formalmente, ele pode mudar a sua vida. Você aprende lições valiosas enquanto abranda a sua própria existência. Se você não puder se comprometer com um trabalho voluntário formal, observe como pode reservar um tempo da sua rotina para se dedicar às outras pessoas. O leão da neve sabe que reservar algum tempo para os outros torna o mundo mais brilhante e pode ser tão refrescante quanto a brisa da manhã.

A liderança compassiva

Certa vez, eu estava ministrando uma aula de meditação e um aluno comentou que se sentia desmotivado pelo grande número de "idiotas arrogantes do mundo corporativo" que ocupavam as posições de liderança nas maiores empresas do mundo. Ela perguntou: "Onde estão os modelos para sermos cidadãos morais no mercado de trabalho?".

Não há uma resposta simples para essa questão, talvez porque os nossos exemplos corporativos sejam raros e difíceis de encontrar. Este é o motivo de muitos dos meus exemplos serem líderes que não pertencem à área empresarial. Porém, se trabalhamos em um ambiente corporativo ou em qualquer outro lugar onde a cobiça é motivo de recompensa, cabe a nós aplicar a sugestão de Mahatma Gandhi: "Seja a diferença que você quer ver no mundo".

Se nos tornarmos o exemplo, praticando a compaixão, a disciplina da virtude e as seis *paramitas* em nosso trabalho, na escola e nas festas, as pessoas seguirão o nosso modelo. Os princípios do leão da neve são extremamente atrativos. Eles são raridade no mundo de hoje e por isso são facilmente reconhecíveis. Sem que você esteja necessariamente em um posto de liderança, as pessoas irão segui-lo e lhe pedirão conselhos e orientações. Basta praticar o ato de abrir o seu coração em sua rotina para que as pessoas o reconheçam como alguém digno de respeito. Você pode reverter a velha cultura que põe o "eu" antes das outras pessoas. Você não precisa ser um daqueles "idiotas arrogantes do mundo corporativo" para seguir adiante. Em vez disso, pode construir um novo modelo de liderança baseado no coração aberto. Você mesmo pode ser o modelo de como liderar efetiva e compassivamente.

Podemos aplicar as qualidades do leão da neve de diferentes maneiras em nosso caminho de guerreiros. As maneiras citadas anteriormente são apenas sugestões sobre como aplicar a disciplina virtuosa e as seis *paramitas* no mundo à sua volta. Quanto mais você se importa com o seu mundo e se empenha para melhorá-lo, mais claramente você verá as oportunidades de empregar as qualidades do leão da neve.

Para realmente fazer dos obstáculos parte do seu caminho, você deve desenvolver a fé em sua bondade fundamental e estar disponível para oferecer a *bodhichitta* todos os dias da sua vida. Esse produtor de atitude compassiva ilumina os obstáculos e permite que eles se tornem passíveis de solução. A beleza desses ensinamentos é que, ao trazer a *bodhichitta* para todos os aspectos da sua vida, você não apenas leva a compaixão para os outros, mas também encontra a verdadeira satisfação para si mesmo.

O mundo está carente de compaixão e de atenção plena. É necessária uma nova geração de líderes que inspirem a cultura baseada na empatia e na compreensão. Nós podemos ser esses líderes. Podemos criar uma sociedade iluminada. Somos capazes de transformar o mundo por meio do poder do nosso coração aberto.

Parte 3

Deixe fluir pelo espaço

14. Tire a flecha dos seus olhos e enxergue melhor o mundo

Encontrei um amigo para tomar uma cerveja uma noite dessas. Ele estava prestes a terminar um relacionamento e estava fazendo aquilo que todos nós fazemos em uma situação como essa: tentava identificar os motivos e as circunstâncias que fizeram a relação chegar ao fim. Em certo momento, olhando para a cerveja, ele me disse: "Eu acho que esperei demais dela. E ela de mim".

Meu amigo continuou dizendo que, de alguma maneira, cada um tinha uma expectativa em relação ao outro que, por sua vez, este não era capaz de cumprir; cada um esperou que, com o tempo, o outro mudasse para atender às suas expectativas. Como esse meu amigo pôde descobrir, sempre que gerarmos expectativas como essas, certamente nos frustraremos.

Esse princípio básico é verdadeiro não apenas para relacionamentos, mas para qualquer aspecto da nossa vida. Para algumas pessoas, visitar a casa dos pais é como regressar à adolescência. Você espera entrar como um adulto na casa onde passou a sua infância, mas coisas antigas surgem no pensamento e, em vez de falar sobre política ou comentar sobre algum filme, você começa a recolher o lixo, varrer o quintal e entrar naquelas velhas discussões com a sua família. Não era essa a sua expectativa, mas ela tende a aumentar cada vez mais, de diferentes maneiras. A expectativa é um monstro asqueroso que arma uma emboscada para nos derrubar.

As flechas do apego, da raiva e da ignorância

Quando analisamos a expectativa, vemos dois fatores relevantes: esperança e medo. Esperamos encontrar a felicidade conquistando uma nova função no trabalho, mas tememos aquela mesma mentalidade corporativa à nossa volta e que teremos de superar. Desejamos ganhar um bom presente de aniversário. Tememos o bairro violento onde moramos. Não importa a situação, buscamos prazer e evitamos qualquer tipo de dor. A existência é, para quase todos nós, regida por essas simples reações.

Há uma imagem tradicional da samsara bastante popular. Conhecida formalmente como os doze elos da originação, ela descreve as doze partes que, juntas, formam o conceito enraizado do "eu" que todos nós carregamos ao longo de nossas vidas. Um desses elos descreve um homem com uma flecha em seu olho.

Por mais horrível que pareça, eu gosto dessa imagem. Esse pobre homem com uma flecha fincada em seu olho representa a forma como lidamos com o nosso sentimento diante do mundo. Quando você observa algo, seja um pedaço de bolo ou uma possibilidade de crescimento profissional, é muito provável que você tenha uma das três reações básicas, fundamentadas na esperança e no medo. Você deseja aquilo e espera ansiosamente. Pode tentar se afastar, desprezando o seu próprio pensamento e lutando contra ele. Ou simplesmente pode ignorá-lo e esperar que vá embora. Não importa o que apareça em sua vida, você pode notar como reage rapidamente de três maneiras diferentes: com apego, raiva ou ignorância.

Aquele homem com a flecha no olho não é diferente de você nem de mim. Ele quer ser feliz. Contudo, ele tem aquela flecha no olho e sente dor. O homem mexe na flecha constantemente, pensando: "Se eu conseguir movê-la um pouco para a direita, não vou sentir mais a dor. Ai, não! Não funcionou! Vou tentar mexer para a esquerda. Ai! Ok. Vou empurrar um pouco mais e vamos ver se funciona". Ele continua procurando o prazer e se esforça para evitar a dor, mas não importa o que ele faça, não poderá evitar o sofrimento.

Se você está sempre tentando consolidar fortes opiniões e expectativas, está cravando uma flecha em seu próprio olho. É inútil pensar que encontraremos a felicidade eterna tentando mudar as coisas e fazendo com que elas estejam de acordo com os nossos desejos. Por exemplo, Alex detesta usar o transporte público, então comprou um carro. Quando peguei uma carona com ele, Alex me disse que ter um carro era algo muito bom, mas que queria instalar um aparelho de som melhor. Então, ele comprou o novo aparelho de som, mas, alguns meses depois, passou a reclamar sobre como o carro consumia gasolina. E continuou assim até o dia em que o carro quebrou. Agora, ele se refere ao carro como "devorador de dinheiro", que seca a sua conta bancária e não traz nenhuma felicidade. Esse carro é uma das muitas flechas que estão nos olhos do meu amigo.

Passamos a vida inteira tentando remover as nossas próprias flechas. Até que comecemos a eliminar as nossas expectativas sobre como as coisas deveriam ser, provavelmente continuaremos mexendo nessas flechas em busca do prazer, mas, na verdade, estaremos nos causando mais dor.

Na segunda parte deste livro, procuramos seguir o caminho da *Mahayana*, ou grande veículo. O leão da neve é um aspecto da *Mahayana*. Ele representa a *Mahayana* relativa, na qual aprendemos a desenvolver a compaixão pelos outros com o objetivo de fazer o bem ao mundo. Esse é um aspecto extremamente importante do nosso caminho espiritual.

Porém, se você deseja verdadeiramente fazer o bem, mas o seu pensamento está preso às suas expectativas sobre como o mundo deveria ser, você vai apenas sair por aí espalhando suas opiniões. É como dar um conselho para alguém que ainda não contou qual é o seu problema: não funciona, porque você está colocando a carroça na frente dos bois. Da mesma maneira, se você não observar a realidade apropriadamente, pode achar que está agindo da maneira mais compassiva possível, mas, na verdade, trata-se apenas da sua visão pessoal sobre a compaixão, e isso pode ou não envolver as perspectivas das outras pessoas.

É nesse ponto que a perspectiva absoluta do caminho da *Mahayana* é bastante útil. Esse aspecto da trajetória *Mahayana* trata diretamente da realidade e de como a observamos. No momento, você provavelmente olha para si mesmo como um "eu" sólido com certas opiniões e maneiras de fazer as coisas. Às vezes o mundo à sua volta apoia os seus planos, mas, em outros momentos, você se sente perdido como uma bola de praia em um show do Dave Matthew's Band.

Por meio dos tópicos que analisamos nos capítulos anteriores, você já sabe (pelo menos do ponto de vista conceitual) que essa concepção sólida do "eu" muda o tempo todo. Você também sabe que o mundo à sua volta está em constante mudança. Munido desse conhecimento, você tem uma escolha: você pode lutar contra a samsara. Ela é uma estrada pela qual você caminhou a vida inteira e, para mudá-la, é necessário deixar de lado os pontos de vista preestabelecidos e observar o mundo sem priorizar a sua opinião sobre ele. Mesmo que isso pareça contrariar o que normalmente fazemos, deixar de lado as nossas concepções fixas é como arrancar a flecha do olho e caminhar livremente pelo nosso mundo.

A prática de meditação consiste em ultrapassar o nosso ponto de vista e a nossa opinião pessoal, e aí você já está no caminho certo para retirar a flecha e ponderar o conceito enraizado do seu "eu". Você está empenhado em uma trajetória espiritual que ataca veementemente o enraizado "eu" rompendo os seus hábitos dentro e fora da almofada de meditação. Além disso, a meditação e a dedicação aos outros tirou o foco do seu "eu". A partir deste ponto, é possível considerar o caminho da *Mayahana* absoluta, que é fundamentado na desconstrução da dualidade entre "eu" e "nós", e, assim, repousar verdadeiramente na sua bondade fundamental.

Vipashyana: o próximo passo da jornada

Essa é uma experiência de meditação na qual podemos avaliar a dualidade que criamos entre o "eu" e o "outro". É conhecida como *vipashyana*. Essa palavra, do sânscrito, pode ser traduzida como "ser superior". É assim conhecida porque estamos olhando para o mundo sem priorizarmos o "eu" e "as minhas opiniões".

Imagine-se usando um belo par de óculos escuros. Eles têm aquelas lentes postiças que podem mudar do apego para a raiva e da raiva para a ignorância, dependendo do ponto para o qual você olha. Porém, se você permanecer no momento presente, é como se os seus óculos de repente tivessem lentes limpas e claras: você está usando lentes convencionais que o ajudam a enxergar o seu mundo. E você vê o mundo de maneira superior: um lugar luminoso e vibrante.

Anteriormente, já consideramos a prática da *shamatha* como uma maneira de estar presente no mundo. *Vipashyana* é permanecer presente no nível seguinte, dizendo: "Ok, agora que você está aqui e pode ver as coisas adequadamente, vamos examinar o que estamos vendo". É a ideia de que dentro e fora da almofada de meditação não estamos apenas presentes no momento, mas também investigando a natureza daquele momento. Entramos na perspectiva da *Mahayana* absoluta quando aprendemos a avaliar a samsara.

Não se preocupe se você não aplicou a *vipashyana* antes de maneira consciente. À medida que você aprofundar a sua prática de meditação, perceberá que isso acontece com naturalidade. Antes, você estava apenas tentando estar presente com a sua respiração, mas agora, quando medita, sente que desenvolveu uma visão mais apurada sobre quem você é. Além disso, você começa a observar a natureza transitória do mundo à sua volta, o quanto os seus pensamentos são efêmeros, e fica mais fácil perceber quando você está prestes a se descontrolar diante de uma reação emocional. Esta é a *vipashyana* começando a orientá-lo sobre o seu ponto de vista.

Depois da sua próxima sessão de meditação, reserve uma hora para observar como a *vipashyana* se manifesta em sua vida. Enquanto você se arruma para ir ao trabalho, alimenta o seu bichinho de estimação ou faz qualquer outra atividade da sua rotina, observe suas primeiras reações à medida que elas surgem. Você se interessa por certas coisas? Existem situações das quais você imediatamente sente repulsa? Há momentos em que você se desliga e ignora algumas coisas? Assuma uma postura imparcial e observe como essas três reações diferentes se manifestam em sua rotina. Ao final desta hora pós-meditação, observe como a prática da *vipashyana* tem afetado o seu grau de conhecimento interior e a sua experiência com a rotina.

Até o momento, nós treinamos como permanecer presentes no agora. Seguindo adiante, precisamos aprender a investigar o "agora". Precisamos observar a natureza dele. Quando fazemos isso, é possível perceber que o momento não é tão sólido ou petrificado como imaginávamos. Podemos começar a relaxar diante do agora sem opiniões fixas ou suposições. Este é um passo essencial para nossa jornada.

Estamos descobrindo o caminho da *Mahayana* não apenas como homens ou mulheres altruístas, mas sim passamos a perceber que podemos lidar com o espaço e com os aspectos desconfortáveis da nossa vida. O mundo à nossa volta é inevitavelmente impermanente e está em constante mudança. Podemos nos alegrar diante disso e ponderar as nossas expectativas. Podemos começar a nos mover para além dos nossos medos e desejos.

O próximo passo do caminho da *Mahayana* pode parecer assustador. Quando sentamos a primeira vez para aprender a meditar, nossa intenção pode ser simplesmente relaxar. Talvez estivesse tudo bem com o aspecto relativo da *Mahayana* e você já tivesse o hábito de praticar boas ações e oferecer o seu coração aos outros. Agora, somos convidados a entrar em território desconhecido e a explorar a natureza da própria realidade. Estamos começando a examinar o nosso "eu", e isso pode parecer uma caixa de Pandora de questões filosóficas.

À medida que seguimos adiante em nosso caminho, precisamos continuar refletindo sobre as características da gentileza que o tigre incorpora, bem como notar quando caímos na armadilha da dúvida, pois assim somos capazes de aplicar a ousadia do leão da neve. Se permanecermos sempre conscientes das qualidades do tigre e do leão da neve, estaremos bem munidos para avaliar a noção do "eu", e também poderemos avaliar esse outro lado que nos motiva ou assusta chamado "tudo que não sou eu", que nada mais é que o nosso mundo.

Examinando o "eu"

Historicamente, quando as pessoas entram na discussão sobre as noções do "eu", podem chegar a pontos de vista extremos. Há muitas doutrinas que consideram o "eu" algo permanente. Tal conceito é chamado de eternalismo, a ideia de que o ser humano nasce, cresce e morre, e de que cada um possui uma essência que perdura por toda a eternidade.

Quando eu estava na faculdade, o irmão de um amigo muito próximo morreu em um acidente de carro por estar dirigindo embriagado. Sean tinha dezessete anos quando faleceu, e todos ficaram muito abalados, como você deve imaginar. Passei um bom tempo com a família de Sean após o episódio. Semanas após a sua morte, uma ideia surgiu na comunidade que apoiava os parentes dele: Sean havia sido chamado por Deus para se tornar um de seus anjos. Como nenhum de nós foi capaz de explicar logicamente por que uma morte como aquela recairia sobre um garoto tão bom como Sean, foi reconfortante pensar que ele havia sido chamado pelos céus para um propósito superior.

Eu não tenho nada contra as pessoas que acreditam em Deus, no céu ou em anjos. Na realidade, fiquei muito satisfeito quando vi como essa ideia ajudou a família de Sean naquele momento de dor intensa. Porém, por minha causa própria, passei a observar a natureza daquelas ideias. Comecei a aplicar a *vipashyana*. Segui as instruções de Buda: "Venha e veja você mesmo". Passei a enxergar o que eu poderia ou não provar sobre essa ideia usando a minha experiência.

Ao avaliá-la, descobri que eu definitivamente não poderia provar que havia um Deus e que ele poderia ter chamado Sean. Também não poderia provar a existência de qualquer coisa sólida que pudesse ter levado o corpo de Sean para qualquer outro lugar. Quando olhei para a minha experiência, me dei conta de que não poderia encontrar nada no mundo ao meu redor que fosse permanente. Assim, eu, particularmente, não poderia concordar com esse ponto de vista eternalista. Na minha análise sobre a tragédia, pude provar somente uma coisa, que é justamente o oposto dessa visão: a morte de Sean era mais um lembrete de que nada é permanente.

O niilismo é outra maneira popular de observar o "eu". Esse ponto de vista extremo é um pouco fatalista. O niilismo no conceito tradicional é completamente o oposto do eternalismo. Um niilista defende que absolutamente nada sobrevive após a nossa morte. O nosso corpo está morto e isso é tudo. Como consequência, muitos niilistas acreditam que devemos ignorar todo o sofrimento do mundo e fazer festa o tempo todo.

As pessoas que aderem ao niilismo podem dar as costas ao mundo, considerando que há um plano universal em que eles não podem interferir de forma alguma. Você já tomou café com alguém que, sem nenhum constrangimento, diz "Eu tinha que estar solteiro agora; esse é o meu carma"? Essas pessoas acreditam que não devem sair à noite, criar um perfil em um site de namoro ou fazer qualquer esforço para encontrar alguém. Você não precisa ter uma grande intuição para saber que as coisas não funcionam assim. É bobagem achar que você pode levar sua vida no estilo niilista e considerar que você não tem nenhum controle sobre ela.

Embora aparentemente contraditórios, o eternalismo e o niilismo têm algo em comum. Ambas as escolas de pensamento acreditam que há um "eu" sólido. O eternalismo acredita que você tem um "eu" que permanece após a sua morte física. O niilismo acredita que você tem um "eu" que existe neste lugar e neste momento, e isso é tudo que você tem.

O ponto de vista budista se afasta de ambos os pensamentos e acredita que não há um "eu" substancial de nenhuma forma. Se analisarmos a nossa realidade, veremos que o eternalismo e o niilismo representam versões extremistas do desejo e do medo. Há o desejo extremo que existirá para sempre de alguma forma e há o medo extremo que se extinguirá, não importa como. A noção budista não aceita completamente o desejo e o medo, mas reconhece o "eu" como algo ilusório, não como uma substância sólida. Quando superamos o desejo e o medo extremistas, entramos em contato com a nossa sabedoria inata.

A GARUDA EXTRAVAGANTE

Nesta seção, estudaremos a garuda extravagante. Metade homem, metade pássaro, a garuda voa pelo céu berrando a realidade da nossa existência. É considerada extravagante porque voa acima de interesses mesquinhos, rivalidades e *kleshas*. De fato, a garuda não se amarra ao "eu" sob hipótese alguma.

A garuda aplica a *vipashyana* a tudo que encontra. Ela faz o que deveríamos fazer: aceita o que surge em sua vida e continua voando independentemente da direção do vento. Aborda as situações com percepção clara, porque tirou a lente do "eu" dos seus óculos e não está mais sobrecarregada pelo desejo ou pelo medo, tampouco pelo apego, pela raiva ou ignorância. No que diz respeito aos doze elos de originação, podemos dizer que a garuda arrancou a flecha de seu olho.

À medida que avaliamos o conceito do "eu" e o mundo à nossa volta, entramos no caminho da *Mahayana* absoluta e encontramos a realidade sem aquela flecha cravada no nosso olho. Passamos a ver como o apego, a raiva e a ignorância nos levam a crenças e concepções extremas, aspectos da nossa vida que nos distanciam da realidade.

Precisamos ponderar as nossas opiniões sobre nós mesmos, sobre como o mundo deveria ser e sobre como deveríamos ser tratados. Parte dessa avaliação consiste em observar a fluidez e a impermanência das nossas vidas. Assim como a garuda, podemos nos alegrar com a simples realidade e, a partir disso, vivenciar a equanimidade. É possível nos livrar dessa tendência de nos prender ao "eu" e passar a enxergar o mundo como um lugar rico e belo, como de fato ele é.

15. O voo destemido da garuda

Você já sonhou que estava voando? É uma sensação muito libertadora. Se eu perceber durante o sonho que estou sonhando de fato, subitamente digo a mim mesmo: "Ei! Eu não me prendo a regras convencionais, então posso aproveitar". Logo, eu decolo e voo sem medo pelo céu.

Acredita-se que muitos mestres de meditação ao longo da história dominaram a arte do voo. Um exemplo é o professor tibetano de yoga Milarepa, que atingiu o nível da realização (*siddhi*) através da meditação. Isso lhe permitiu voar na vida real.

Você pode acreditar nesse tipo de história ou não, como preferir. A ideia por trás disso é que, com muito treino, qualquer um pode levantar voo ao longo de sua vida, pelo menos metaforicamente. Podemos utilizar a prática da meditação para ponderar os nossos conceitos a respeito do que é ou não possível, o que nos faz sentir como se estivéssemos caminhando no ar.

Nas duas primeiras partes deste livro, observamos os animais terrestres. O tigre caminha meticulosamente pela selva. Ele está sempre muito atento ao seu ambiente e cuida muito bem das suas ações do dia a dia. O leão da neve salta de montanha em montanha. Ele se sente leve porque não fica preso na armadilha da dúvida, mas com o tempo, ele também precisa voltar para sua casa.

Vimos o exemplo da garuda mítica. Estamos deixando a firmeza terrestre para trás ao olhar para um pássaro que não é o típico pintarroxo. Estou imaginando que você nunca viu uma garuda pessoalmente. Eu também nunca vi. Porém, o simples ato de a visualizarmos desafia as nossas opiniões sobre como pensamos que as coisas deveriam ser.

Mesmo que nunca tenhamos visto uma garuda no safári ou no zoológico, podemos imaginar como é essa ave. Acredita-se que ela é de grande porte, tem bico afiado e braços humanos. A garuda nasce no ar e, dessa forma, é capaz de voar desde o momento em que ganha vida. Ela nunca pousa, mas sempre sobrevoa o seu mundo. Desse ponto de vista privilegiado, mantém uma visão aérea de todo o seu entorno.

A garuda não está afixada no senso comum do "eu" e, dessa forma, é capaz de expandir sua visão. Quando você estudou o exemplo do tigre, aprendeu a observar a sua própria vida. Ao seguir o caminho do leão da neve, você passa a expandir a sua visão e inclui nela as pessoas de quem você gosta, aquelas por quem você não tem nenhum sentimento (nem bom, nem mau) e as pessoas com quem você não se relaciona muito bem. Na contemplação da bondade amorosa descrita no Capítulo 12, acabamos diluindo as barreiras entre os indivíduos e oferecemos a nossa prática a todos. A garuda começa neste exato ponto: ultrapassando o pensamento exclusivo do "eu", ela é capaz de se oferecer integralmente a todas as criaturas.

A garuda sobrevoa a terra. Assim, para ela, os amigos e inimigos parecem formigas. Ela não pode fazer distinção entre eles, e nem quer. Ela os envolve com o mesmo nível de atitude compassiva. A garuda está além de qualquer conceito fixo sobre o que pode ou não fazer e sobre o que pode ou não apoiar. Ela oferece o seu coração por inteiro, sem medo e sem se preocupar com o que as pessoas pensam a seu respeito.

Reconhecendo a natureza do medo

Acredita-se que a garuda se esquiva da armadilha do desejo e do medo. Todavia, quando refletimos sobre o desejo, ele é apenas o inverso do medo. Quando você diz: "Espero chegar ao trabalho a tempo", você está de fato querendo dizer "Estou preocupado se vou chegar atrasado". Quando você espera que o seu parceiro seja tão forte quanto você, na verdade está preocupado porque sabe que ele muito provavelmente não será. Quando você vê um e-mail na sua caixa de entrada e deseja que seja a boa notícia que está esperando, uma parte de você acredita que, na verdade, o e-mail trará uma notícia ruim. Se observarmos o desejo com um olhar investigativo, veremos que ele está diretamente vinculado ao medo. Então, em vez de dizer que a garuda está livre da armadilha do desejo e do medo, podemos simplificar dizendo apenas que ela é destemida.

"Destemido" é um termo interessante do ponto de vista da Shambhala budista. À primeira vista, pode parecer que a garuda controlou o seu próprio medo e, por isso, tem menos medo do que antes. Não é o caso. Sempre haverá coisas no mundo que causam medo. Eu não acredito que em algum momento na história do budismo alguém tenha inventado uma filosofia ou um conselho para diminuir o medo presente no mundo. Se tal pessoa existiu, sua última reencarnação deve ser encontrada e contratada para trabalhar para as Nações Unidas.

Todos nós temos os nossos próprios desencadeadores de medo. Se você já sofreu um acidente de carro, deve ficar nervoso ao entrar em um táxi. Se já teve alguma experiência ruim relacionada a lugares altos, deve sentir medo de edifícios muito altos e parques de diversão. Se você já conviveu com algum parente mais velho e viu o corpo e a mente dessa pessoa se deteriorarem com o passar do tempo, é possível que tenha medo de envelhecer. Talvez você tenha todos esses medos citados acima.

Todos nós sentimos medo, até mesmo os grandes mestres do budismo. O medo é um estado emocional e, como todos esses mestres são humanos, eles sentem medo, assim como eu e você. Na verdade, eles sentem o medo na mesma intensidade que o amor, a inveja ou o desejo. Eles simplesmente não ficam presos às emoções fortes, como a maioria das pessoas.

A garuda também sente medo. Porém, como ela é um mestre guerreiro, não se prende por esse sentimento. É por isso que dizemos que a garuda é destemida. Ela vê o medo, reconhece a razão dele e o sobrevoa com a cabeça erguida; depois sai livre e revigorada, como se tivesse tomado um longo banho. A garuda tem a capacidade de conduzir o medo com tanta facilidade porque sabe que o mundo é flexível, uma realidade mutável. Ela não se preocupa em consolidar as suas opiniões a respeito do mundo porque sabe que ele vai mudar. Sem estabelecer opiniões sobre como as coisas deveriam ser, ela pode saudar o medo, abraçá-lo e ser amiga dele.

A bravura na tradição da Shambhala significa trabalhar com a emoçao do medo à medida que ele surge. É estar presente com o medo quando ele está fixo em nossa mente. Trata-se de examinar completamente o medo, tentando desconstruí-lo. Não é uma questão de ter menos medo, e sim de começar a compreendê-lo sutilmente para então utilizá-lo para progredir no caminho espiritual.

Quando ele surge, devemos saudá-lo como um velho amigo, aquele que está nos visitando depois de muitos anos distante. Cumprimentamos o medo e tentamos aprender o máximo sobre ele enquanto a visita perdura, cientes de que, em determinado momento, ele partirá. Ao encarar o medo dessa maneira, seguimos o exemplo da garuda. Podemos enxergar a natureza efêmera e mutável desse sentimento com mais clareza e, assim, nos tornamos capazes de nos tranquilizar diante da sua presença.

As verdades básicas da garuda

Há algumas verdades básicas que a garuda reconhece como parte do caminho para trabalhar a superação do medo e relaxar no espaço da sua sabedoria: impermanência, ausência de terra firme e equanimidade. Veremos detalhadamente esses três tópicos nos itens a seguir.

Impermanência

A impermanência é uma verdade difícil de ser negada. Ainda que você se sente em algum lugar e tente não mudar nada, o mundo à sua volta estará em constante mudança. Talvez, assim como eu, você goste de apreciar a vista da sua janela pela manhã e, mais precisamente, nos lindos dias de outono. Mas, ainda que a paisagem lá fora seja linda, é muito difícil admitir que aquelas cores vívidas estão desaparecendo e que as folhas estão caindo cada vez mais. Após alguns outonos, você não precisa ser especialista para perceber que os anos se passaram. Nesse processo, o seu próprio corpo envelhece, assim como acontece com os seus amigos e com a sua família. Apenas por contemplar a paisagem pela manhã, estamos diante da simples realidade de que as coisas envelhecem e mudam.

Por exemplo, você não é a mesma pessoa que era dez anos atrás. Vamos prestar atenção nisso para ver o que encontramos.

Na próxima vez que você praticar a meditação, reserve um tempo para relaxar na *shamatha*. Após alguns minutos, reflita: "Como eu era dez anos atrás?". Perceba o que você estava fazendo neste mesmo mês há dez anos. Se não conseguir se lembrar especificamente, tente se lembrar de forma geral. Você estava na escola? Trabalhando? Estava envolvido com alguém? Quais eram as suas atividades e hobbies?

Agora, observe o que mudou desde aquela época. Não é necessário trazer à tona todos os hábitos que você tinha (como colecionar selos, por exemplo). Apenas analise: "Eu sou a mesma pessoa?". Provavelmente você ainda encontrará características daquela pessoa em você, mas, sem dúvida, também encontrará muitos aspectos que mudaram ao longo desses dez anos.

Após observar por cinco minutos as mudanças que ocorreram nessa década, pratique a *shamatha* mais uma vez antes de finalizar a sua sessão.

Do ponto de vista científico, todas as células do nosso corpo morrem e são substituídas em um período de sete anos. Isso significa que, se você está trabalhando no mesmo lugar, tomando a mesma quantidade de café todas as manhãs, vivendo com o mesmo parceiro e tendo as mesmas discussões com essa pessoa, ainda assim, após sete anos você terá um corpo novinho em folha. Podemos levar uma vida enclausurada e tentar nos esconder da realidade da mudança, mas ela sempre nos encontrará.

A impermanência nos rodeia, mas isso não significa que a mudança tem de ser algo ruim ou assustador. Há um momento em que a impermanência soa como uma bênção, como quando você contrai uma gripe e subitamente fica curado. Deve haver alguém em sua vida com quem você não se relacionou muito bem no passado, mas cujas circunstâncias de convivência mudaram; hoje ele ou ela é um dos seus melhores amigos. Em certo momento, o seu apartamento era um lugar solitário, mas agora você tem um companheiro ou um animal de estimação que alegra o seu dia. Algumas vezes, a mudança pode ser revigorante.

A mudança acontece para todos. É fácil perceber a mudança em você mesmo, mas é difícil enxergá-la nas pessoas à sua volta. Por exemplo, eu acho que a minha mãe tem a mesma aparência que ela tinha quinze anos atrás. Os outros podem não concordar e dizer que eu estou evitando reconhecer a mudança. Eu não acredito que sou o único com dificuldade para reconhecer a mudança causada pelo tempo nos meus pais. Ninguém gosta de reconhecer que os seus pais estão envelhecendo. Contudo, essa mudança é inevitável e somos obrigados a trabalhar esse e outros tantos sinais da impermanência.

Outro aspecto da impermanência é a morte. Sakyong Mipham Rinpoche escreveu uma prática de meditação direcionada ao aniversário. Uma frase sua diz: "A morte é minha amiga, o mais verdadeiro entre os meus amigos, um amigo verdadeiro que nunca me abandona". Pode parecer mórbido contemplar a morte no aniversário de alguém. Contudo, quando pensamos nela, percebemos que ela faz parte da vida. A consciência sobre a morte é o que nos permite viver a vida com plenitude e aproveitar o tempo que temos na Terra. Logo, a morte é uma amiga porque nos conscientiza sobre a preciosidade da nossa vida.

A garuda aceita as verdades da impermanência e da morte. Ela não as enfatiza, preocupando-se constantemente com a possibilidade de perder as suas penas ou de ser atingida por um avião. Em vez disso, ela usufrui do seu conhecimento para se certificar de que aproveita o melhor da vida e das suas relações e de que gasta o seu tempo se empenhando em fazer o bem aos outros.

Ausência de terra firme

A consciência de que tudo a nosso redor está sujeito à mudança pode nos trazer ansiedade. Mesmo sabendo que um relacionamento amoroso é impermanente, a ideia de que o seu parceiro pode deixá-lo – ou ainda pior, que pode morrer – é assombrosa. Quando a relação acaba, você sente como se alguém tivesse puxado o seu tapete. Sobe, desce, esquerda, direita e você não sabe o que está acontecendo. Em outras palavras, você fica sem chão.

É muito natural se sentir sem chão diante de uma mudança súbita. Para algumas pessoas, uma demissão traz a sensação de que o mundo está caindo sobre a própria cabeça. Para outros, isso acontece quando uma relação acaba de repente, ou quando ela termina de uma maneira muito ruim. Para outros, ainda, o mundo desmorona quando percebem o seu corpo envelhecendo. A falta de terra firme é, muitas vezes, uma sensação inevitável, e está fundamentada na realidade da impermanência.

A forma como reagimos quando estamos sem chão é uma parte importante do caminho da garuda. Se observarmos este exemplo, veremos que a garuda não se apega às emoções fortes. Se a garuda perde o emprego, ela não diz: "Ó, meu Deus! Estou arruinada!". Ela apenas sobrevoa com a cabeça erguida o transtorno emocional e o trata de maneira menos caótica e mais direta. Em vez de se pressionar, ela relaxa. A garuda organiza os detalhes da sua vida de uma forma digna e mantém a altitude porque não foi laçada e posta terra abaixo pela circunstância do medo.

Equanimidade

Mantendo contato muito próximo com a impermanência e a ausência de terra firme, a garuda desenvolve a próxima verdade: a equanimidade.

Olhando claramente para os aspectos da nossa vida que nos amedrontam, estamos aprendendo a deixar certas coisas de lado. Estamos deixando de lado o hábito de manter o "eu" que deseja fazer as coisas de determinada maneira. Assim como a garuda, estamos assumindo a direção da energia da nossa vida. Em vez de nos prendermos ao medo ou em nossa opinião sobre como as coisas deveriam ser, podemos enfrentar qualquer situação que se coloque à nossa frente com uma atitude imparcial. Podemos encarar o mundo com equanimidade.

Se pensarmos na imagem da garuda sobrevoando o céu, é difícil imaginá-la com uma feição de pânico. Ela está acima de conceitos triviais, tais como ansiedade ou orgulho. Ela não está procurando por um cobertor seguro que possa envolvê-la, tampouco está protegendo o seu coração contra o mundo. Também não está construindo um casulo onde possa se esconder do medo. Ela manifesta o senso de liberdade e franqueza.

Seguindo o exemplo da garuda, também não devemos nos entregar ao desejo ou ao medo. Dessa maneira, estaremos livres para compreender o nosso mundo de forma mais clara. Vemos os problemas que estão à nossa frente e lidamos com eles de maneira direta. Não enxergamos a impermanência e a falta de chão como problemas, mas sim como oportunidades para manter o nosso coração aberto. Se formos destemidos diante da adversidade, encontraremos a verdadeira paz e a equanimidade.

16. Estude para o seu Bar Mitzvah budista

Quando a sua mudança chega ao fim, você está no fim.
Benjamin Franklin

O príncipe Sidarta cresceu em um ambiente onde foi poupado de todo sofrimento. A mudança para ele sempre foi algo positivo. Seu pai sempre fazia o possível para que essas mudanças se referissem sempre a uma nova dançarina ou a uma cama ainda mais confortável para Sidarta dormir. Quando as pessoas do palácio começavam a apresentar sinais de velhice, eram imediatamente substituídas. Se alguém ficasse doente, era retirado até que pudesse se recuperar. Caso algum conhecido falecesse, ele nunca era notificado.

Imagine-se levando uma vida em que você não tem conhecimento da velhice, da doença ou da morte. Pense na quantidade de energia que é consumida para criar toda a ilusão de que esses aspectos básicos da nossa existência na verdade não existem. Agora imagine o quanto foi chocante para o nosso amigo Sid quando, aos seus vinte e poucos anos, ele finalmente se deparou com toda a verdade. Ninguém jamais havia dito a ele que ele sentiria as dores da velhice e que morreria um dia! Ele ficou extremamente abalado e todas essas verdades o inspiraram a prosseguir em sua jornada espiritual.

Para muitos de nós, essa história pode soar estranha. Como pode alguém não ter conhecimento da velhice, da doença e da morte? Porém, se você analisar melhor, verá que as nossas sociedades atuais tentam repetir a mesma ilusão inventada no palácio de Sidarta. Temos indústrias multibilionárias que se dedicam a modificar a aparência das pessoas para que elas fiquem encantadoras. Se você é jovem, pode contar com a maquiagem para parecer mais velha. Se os sinais do envelhecimento estão começando a surgir, você pode contar com a cirurgia plástica, que vai esticar todas as suas rugas. E, se você está muito velho, pode passar a viver em um "lar de idosos", um lugar que não é a sua casa e onde você permanecerá escondido até a sua morte. Isso mostra o quanto a ideia da impermanência e da morte nos assustam.

Até os celulares morrem

Óbvio que ninguém quer passar a vida remoendo a ideia de que vai envelhecer e morrer. Não é algo que nos agrada. Porém, precisamos reconhecer e explorar esses aspectos se quisermos superar os nossos medos e enxergar a realidade de uma maneira direta. Ao seguir o caminho da garuda, devemos olhar para as coisas como elas de fato são. Podemos observar qualquer aspecto da nossa vida e avaliá-lo apenas para nos certificar de como ele é transitório, mutável e impermanente.

Por exemplo, você pode achar que um novo celular o fará feliz. Supostamente você ganhará mais tempo, uma vez que ele permitirá que você verifique os seus e-mails enquanto está a caminho de algum lugar. A próxima coisa que você vai notar é que o seu relacionamento com os seus e-mails mudou; agora você está constantemente verificando a sua caixa de entrada, em pânico, querendo saber o que está acontecendo no trabalho. Se você trabalha em um edifício, observe os seus colegas de trabalho quando eles entram no elevador. Aparentemente, eles estão a caminho dos seus postos de trabalho, mas muitos deles estarão com o celular à mão, verificando os e-mails e receosos sobre o que o dia lhes reserva. Eles não conseguem permanecer quietos naqueles trinta segundos dentro do elevador, sem a ansiedade de mexer no celular. O que pensávamos que nos traria felicidade está apenas fazendo com que nos preocupemos ainda mais com o trabalho.

No final das contas, o celular novo, que deveria trazer felicidade, escorrega da sua mão, cai no chão e se quebra. Uma expressão coloquial para essa perda é dizer que o celular "morreu". É como se o seu aparelho de telefone fosse uma pessoa sem a qual você não pode viver. O engraçado é que, a essa altura, você realmente percebe que não pode viver sem telefone. Você pega outro celular e envia um e-mail para todos os seus amigos dizendo: "Me ajudem! Perdi o número de vocês porque meu celular morreu!". E, como se você tivesse perdido um membro da família, as pessoas respondem o seu e-mail enviando os pêsames.

Em algum momento em todo esse processo confuso, precisamos nos observar e enxergar como essa situação é absurda. Um objeto que você pensou que lhe traria mais liberdade na verdade o limitou mais e se tornou mais um fator de desencadeamento da ansiedade. O seu celular não pode trazer a felicidade eterna e é absurdo pensar que um pedaço de metal cheio de botões e fios poderia fazer isso em algum momento. O celular está sujeito às leis da impermanência e irá se desfazer como qualquer outra coisa.

Podemos nos apegar ao nosso mundo, pensando que os fatores externos (inclusive as pessoas) serão capazes de nos trazer felicidade, ou podemos reconhecer o simples fato de que as coisas mudam. A nossa relação com essas coisas também vai mudar. E todas essas coisas se tornarão pó, a não ser que a gente morra antes delas.

A verdade simples da morte

Visto que a impermanência é inerente a tudo, acredito que a morte é a forma de mudança que mais nos amedronta. Lembro que, quando eu tinha dezoito anos, tive um ano difícil. Tudo começou com a morte da minha avó. Enquanto eu ainda me recuperava dessa perda, outras pessoas faleceram: meu treinador do ensino médio, um colega da escola, meu cliente preferido, meu professor de História, meu tio e um amigo do meu irmão. Uma das perdas mais difíceis daquela época foi uma criança de oito anos de quem eu cuidava. Ela estava voltando para casa de carro, depois de brincar com algumas crianças, quando um caminhoneiro do outro lado da pista pegou no sono ao volante e colidiu de frente com o carro. Foi terrível. Muito triste.

Ao final daquele ano, oito pessoas que eu conhecia e várias pessoas de quem eu gostava muito faleceram. Senti como se eu estivesse carregando algum tipo azar e que a morte me acompanharia para todos os lugares, aonde quer que eu fosse.

Hoje, olhando para aquele momento, vejo que foi como um Bar Mitzvah budista. O Bar Mitzvah na tradição judaica é uma cerimônia realizada quando você completa treze anos, que marca a sua transição da vida de garoto para a de homem. Você pode achar que despertei tarde, mas a minha transição da vida de um garoto inocente para um indivíduo mais sério aconteceu durante esse ano repleto de perdas.

Com essa experiência, tive que fazer uma escolha bem simples, assim como o nosso amigo Sid. Eu poderia me esconder para não me expor ao sofrimento ou me levantar para encarar a verdade simples da morte. Escolhi levantar. Ao encarar a morte daquela criança de oito anos, me dei conta de que a morte pode surgir a qualquer momento de nossas vidas. Podemos viver até os cem anos ou ser atropelados por um ônibus amanhã.

Embora esta seja uma verdade dura de enfrentar, todos aqueles que amamos vão morrer um dia. Alguns meses atrás, eu estava em uma aula de meditação falando exatamente sobre isso. Como parte do plano de aula, há um exercício em que as pessoas têm a oportunidade de se sentar à frente da classe e reconhecer que um dia irão morrer. Um por um, os alunos sentavam-se na cadeira, respiravam, entravam em contato com o seu próprio coração e declaravam: "Meu nome é John Balanski. Nasci em 9 de dezembro de 1976. Cresci no Queens, Nova York. E também vou morrer".

A ideia não era criar uma situação mórbida, mas sim torná-los capazes de proferir sem medo as palavras da simples verdade da nossa existência. Se você nasceu, vai morrer. Isso acontecerá.

A energia na sala era incrivelmente potente. O momento mais especial foi quando um homem com quase trinta anos sentou-se na cadeira e, com muita coragem, se pronunciou. Ele parecia muito confiante e tranquilo. Naquele momento em que estávamos todos juntos ali, em silêncio, observando aquela realidade, ouvi a sua noiva começar a chorar silenciosamente. De maneira geral, foi algo bom para as pessoas se levantarem e proclamarem a sua própria morte, mas ela estava tentando levar uma nova vida com aquele homem e ficou chocada com a ideia de que em algum momento ele também morreria. Aquela realidade era dolorosa, mas permitiu a ela apreciar o seu futuro marido de maneira diferente.

Contemplação da morte

Não estou sugerindo que você levante e anuncie a uma multidão que um dia você vai morrer. Em vez disso, você deve trabalhar com um nível de contemplação diferente: "A morte chega sem avisar; este corpo vai se tornar um cadáver". Sugiro que você trabalhe essa ideia em sua mente se realmente deseja explorar esse importante aspecto da vida.

Tal como as outras contemplações, o objetivo geral é se abrir por meio da *shamatha* e reservar um tempo para refletir sobre a frase novamente. De fato, isso funciona como a meditação *shamatha* quando você se concentra em sua respiração, mas aqui você volta a atenção para essa potente frase.

No decorrer da sua sessão de meditação, tente examinar de que maneira essa frase pode se aplicar a você. Observe quais são as emoções que surgem. É assustador saber que um dia você vai morrer? Que você não sabe quando e como isso vai acontecer? Se você morresse amanhã, se sentiria triste por não ter atingido todos os seus objetivos? Você seria capaz de aceitar isso?

Após cinco minutos de reflexão, deixe as palavras isoladas e permaneça com as emoções que surgirem. Faça apenas isso, esteja presente com o sentimento. Siga o exemplo da garuda: admita-o. Após alguns minutos, você poderá retornar à *shamatha.*

As pessoas dizem que, depois de uma boa prática de meditação, sentem uma sensação muito poderosa. Uma sessão de contemplação de alta qualidade muitas vezes se assemelha à realidade. Você traz conceitos internos para o momento presente e os transforma em experiências pessoais.

Admitindo a morte

Podemos imaginar como o nosso corpo vai ficar após a nossa morte ou pensar como as pessoas preparariam o nosso funeral para nos homenagear. Outra coisa é imaginar que você está a caminho da casa de um amigo, sonhando com a sua nova namorada e, à medida que atravessa a rua, ouve um carro em alta velocidade e fora de controle. O carro para a menos de meio metro de distância de você. Nesse momento, a realidade de que a morte pode chegar sem aviso é uma experiência incomparável. Se conseguirmos trazer esse senso de realidade e proximidade à nossa prática de meditação, é sinal de que estamos fazendo um bom trabalho.

Para reiterar, não podemos apenas internalizar a realidade da morte, pois assim não estaremos preparados para ela. Alguns anos atrás, eu saí para praticar corrida em Boston. Eu me perdi e estava correndo na rua enquanto o semáforo estava vermelho. Um ônibus escolar de pequeno porte vinha descendo a rua. O motorista deveria estar atrasado para buscar as crianças, porque veio em alta velocidade e ultrapassou o sinal vermelho. O ônibus se chocou contra mim.

Não aconteceu nada demais com o ônibus e eu apenas me levantei do chão com o tornozelo torcido. Se eu tivesse caído alguns centímetros mais a frente, teria batido a cabeça na guia da calçada e poderia muito bem ter morrido.

Alguns dias depois, eu estava na Alemanha, caminhando com dificuldade durante uma conferência da Shambhala budista. Contei essa história ao presidente da organização, Richard Reoch, que me perguntou o que passou pela minha cabeça no momento em que o ônibus bateu em mim. Refleti um pouco e me lembrei de ter pensado claramente: "Bem, este é um momento interessante". Contei isso a Richard e ele me disse: "Bem, considerando que esse seria um dos seus pensamentos finais e que você está trabalhando com ele, não está nada mal".

Embora eu estivesse meio transtornado naquele momento, me senti muito bem com o que Richard disse. Tive certeza de que os meus pensamentos calmos no momento do acidente estavam relacionados ao tempo que dedico à minha almofada de meditação, trabalhando o medo da morte e tentando cultivar uma atitude positiva diante dele.

Por mais que lhe pareça mórbido, é importante reservar um tempo para contemplar a morte, traduzindo para o seu pensamento racional que ela vai ocorrer como parte do conceito existencial da sua vida. É como quando você tem uma prova importante na escola. Você sabe que ela virá. Você pode se ocupar com distrações e diversão, mas, quando chegar o momento da prova, estará despreparado. Se, em vez disso, você se dedicar um pouco e estudar, vai enfrentar a situação mais bem preparado e calmo. É assim que a garuda encara a morte.

Basicamente, estamos explorando a relação entre o medo e a natureza da realidade. Ao explorarmos a realidade, podemos enxergar o medo como ele é: um gancho emocional que nos puxa para baixo. O mundo é flexível e mutável, então estaremos sempre presentes com a sensação do medo. Não importa para onde olhemos, somos sempre confrontados com a irrefutável verdade da impermanência e da morte. Não é o mundo que nos faz temer a mudança e a morte – somos nós. Precisamos lidar com essas experiências admitindo-as, com o intuito de conduzir a energia de nossas vidas.

Podemos tentar nos esconder em nosso palácio, usando maquiagem ou mascarando os sinais da nossa velhice para afastar a mudança e a morte. Não vai funcionar. Não importa quão altas sejam as nossas torres de segurança, elas também estão sujeitas à impermanência. As pessoas que amamos também estão sujeitas à impermanência. Esconder-se é uma solução inviável.

Acredita-se que os gorjeios da garuda proclamam a destemida realidade à medida que ela voa pelo céu. Em outras palavras, ela proclama a verdade. Esse pássaro reconhece os aspectos assustadores da vida como a velhice, a doença, a morte e os envolve sem medo, com o seu coração aberto. A garuda está presente com a realidade da sua situação. Em vez de lutar contra as verdades, ela as aceita. Ao seguir o caminho da garuda, também podemos nos libertar do esforço exaustivo que empenhamos na procura da certeza e da segurança permanentes. Não devemos lutar contra a realidade. É libertador olhar para o nosso mundo de maneira clara, da forma como ele é. Quando reconhecemos a nossa impermanência, bem com a impermanência de todas as coisas à nossa volta, podemos apreciar verdadeiramente as coisas como elas são. Ao estudar a impermanência e a morte, podemos sentir os aspectos sagrados deste exato momento.

17. Alegre-se com os cocos do despertar

No jardim da suave sanidade, que você seja bombardeado pelos cocos do despertar.

Chögyam Trungpa Rinpoche

A garuda sobrevoa a vida e nunca toca o solo. Há graça e coragem em seu voo. Ela é a representação de um homem que é capaz de viver sem o apego à terra firme. Em outras palavras, ela se sente confortável pela ausência de terra firme.

Para a maioria de nós, essa ideia parece impossível. É um paradoxo sentir-se confortável com o desconforto. Não é nenhuma surpresa que você veja a falta de terra firme como uma experiência ruim, algo que você queira evitar. A nossa sociedade está fundamentada em evitar os aspectos incômodos da vida. Se seguirmos o exemplo da garuda e nos dedicarmos a praticá-lo, adotaremos uma abordagem atípica. Até agora, exploramos muitas opiniões fixas que temos em nosso caminho; portanto, só faz sentido concentrar a nossa mente contemplativa em situações desconfortáveis se pudermos encará-las sem medo.

Podemos reconhecer que as coisas mudam e que a morte é inevitável, mas, quando estamos diante dela em uma circunstância difícil, é comum nos sentirmos despreparados. O sentimento é de que estamos sendo bombardeados, como Trungpa Rinpoche escreveu no poema que abre este capítulo. Hoje, você pode estar levando a sua rotina normalmente, seu jardim pessoal da suave sanidade – como Trungpa Rinpoche poderia chamar –, e, de repente, um coco cai sobre a sua cabeça. Esse coco pode representar uma ligação do seu pai, dizendo que a sua mãe está no hospital. Também pode ser o mesmo que acordar ao lado da sua namorada e ouvir que as coisas não estão indo bem no relacionamento. Ou ainda chegar ao trabalho em uma segunda-feira e receber a notícia de que será demitido.

Quando um coco atinge a nossa cabeça, podemos nos prender à dor e nos questionar por que somos vítimas dessa incerteza e insegurança. De fato, muitas pessoas passaram anos reagindo assim. Diante de uma mudança drástica em nossa vida, a primeira reação que temos é nos depreciar. Emocionalmente, nos fechamos em uma bolha e esperamos que a mudança atinja qualquer outra pessoa – menos nós. É uma grande tolice pensar assim, porque sabemos que a impermanência é inerente à vida de todos os seres humanos.

Podemos fazer uma escolha: seguir o exemplo da garuda e voar acima de quaisquer situações desconfortáveis que apareçam em nosso caminho. Quando formos atingidos por um coco, a nossa primeira reação deve ser aplicar a *vipashyana* e analisar cuidadosamente a sua procedência. Quando passamos a investigar a nossa dor e a falta de terra firme, aprendemos uma lição muito valiosa.

Por exemplo, na situação citada acima, você vai perceber que a saúde debilitada da sua mãe é o resultado de anos de descuido. Isso pode até mesmo motivá-lo a cuidar melhor da própria saúde. Se você foi rejeitado pela sua namorada, pode analisar o motivo que a fez terminar o relacionamento e aproveitar essa experiência para construir uma relação diferente no futuro. Se você foi demitido, pode se angustiar ao questionar o seu baixo desempenho, mas talvez alguma coisa – ainda que pequena – pareça verdadeira, e você poderá aprender com a experiência para ter uma posição diferente em um novo trabalho.

Ao adotar uma mente investigativa às situações desconfortáveis que o coco representa, você está fazendo duas coisas. A primeira é se desprender daquelas opiniões fixas sobre o que está acontecendo na situação desconfortável. Até agora, falamos que não devemos nos prender às emoções fortes. A garuda vai além dessa prática e não se prende às suas opiniões fixas porque elas são, de alguma maneira, as causadoras das emoções fortes. Quando você passa a deixar de lado a sua opinião sobre como as coisas deveriam ser, liberta-se de um mecanismo antigo repleto de respostas habituais e, além disso, começa a enxergar o desconforto com mais lucidez.

A segunda coisa que você faz quando adota o pensamento investigativo é passar a abrir a sua mente e enxergar a situação de maneira mais consciente. Você está enxugando o apego, a raiva e a ignorância dos seus olhos. Libertou-se de como "eu" acho que as coisas deveriam ser. De fato, você está se libertando completamente do "eu".

Dentro dessa consciência mais ampla, livre das lentes do "eu", você pode claramente entender a natureza efêmera do seu próprio desconforto. Como todas as outras coisas, a situação difícil e todas as emoções intensas que o envolvem são impermanentes. Você pode encontrar a felicidade verdadeira com essa descoberta. É libertador perceber que o coco, no final das contas, não é tão duro assim. Assim como todas as outras coisas, ele vai passar.

Ao adotar a mente investigativa diante do desconforto, você possui mais uma ferramenta para lidar com ele: o seu coração aberto, ou *bodhichitta*. O caminho da garuda consiste em reconhecer o momento da falta de terra firme, investigá-lo, observá-lo e, o mais difícil, aceitá-lo. Quando situações difíceis surgem, precisamos exercitar o nosso coração aberto ainda mais do que fazemos normalmente para acomodar tais dificuldades. Precisamos mudar a nossa opinião sobre o desconforto para poder superá-lo. Temos que eliminar o hábito de nos bloquear e nos esconder do medo para assim mergulhar nele e permitir que a amplitude do nosso coração o transforme.

O desconforto e a incerteza não são novos. Eles sempre fizeram parte da vida de toda criatura, desde o início dos tempos. Um dos conceitos mais comuns a respeito da origem do universo é a teoria do Big Bang. Não é uma teoria do tipo "as coisas começam como planejadas e ficam mais confortáveis com o tempo". É a ideia de uma grande explosão que aconteceu e deu origem ao universo. Desde então, podemos dizer que pequenas e grandes explosões ocorrem frequentemente no nosso mundo, desde Hiroshima até você esbarrando em alguém na rua e recebendo uma ofensa. O universo está em um estado constante de caos e mudança; recuar diante dele ou reagir com o coração aberto é uma escolha que devemos fazer.

Atisha sabia disso muito bem. Ele sistematizou de maneira clara e articulada uma abordagem da *bodhichitta* conhecida em tibetano como *lojong*. *Lo* pode ser traduzido como "mente" – em particular a mente que segue adiante – e *jong* significa "treino". Atisha produziu os 59 slogans do *lojong* como uma maneira de redirecionarmos a nossa mente e cultivarmos a *bodhichitta*, e também para nos ajudar a descobrir como reagir ao nosso mundo explosivo e repleto de contratempos.

Um grande slogan é "Quando o mundo está repleto de maldade, transforme todos os contratempos no caminho do *bodhi*". A maldade pode ser compreendida de diversas maneiras. Há a maldade da tirania e da opressão, e a maldade de cuspir na comida de alguém. É um termo bastante subjetivo. Para a nossa proposta, podemos considerar esse slogan uma forma de apontar que o mundo está repleto de confusão, bem como de desconforto – a consequência direta dessa confusão.

Ao enxergar o desconforto como nossa premissa, somos motivados por Atisha a considerar quaisquer circunstâncias negativas que apareçam como oportunidades. Ao seguir o caminho do *bodhi* – completamente aberto –, podemos transformar todos os contratempos que surgem em nossa vida em oportunidades valiosas para nos tornarmos pessoas destemidas.

Ao abordar a visão de Atisha, estamos redirecionando a nossa mente a não mais considerar a ausência de terra firme como algo a ser evitado. Passamos a apreciar a incerteza porque podemos transformar cada mudança em nossa vida em uma oportunidade para abrir ainda mais o nosso coração. Podemos ver os cocos que nos atingem como oportunidades de despertar para a realidade. Como resultado dessa mudança de ponto de vista, não importa o que surja à nossa frente, podemos tratar cada momento como uma oportunidade de cultivar a humanidade e a sensibilidade.

A garuda é destemida e corajosa, qualidades que atraem os demais. Também podemos viver como ela, nos mantendo curiosos a respeito da nossa vida e abrindo o nosso coração de maneira ampla, mesmo quando as coisas ficam intensas e assustadoras. Se executarmos essa tarefa com êxito, também podemos atrair as outras pessoas. Todos querem estar perto de alguém que aproveita a vida ao máximo. Isso é o que a garuda faz ao se manter verdadeiramente aberta em seu mundo. Ela vive literalmente o momento presente e aproveita o que há de melhor em sua existência. Como está sempre aberta a qualquer situação possível, é capaz de enxergar o seu mundo com clareza e, como não se esconde do desconforto, a garuda permanece aberta às possibilidades. Ela atrai boas circunstâncias e encara as más, porque está aberta. Ela é *bodhi*.

Em tibetano, o termo *ziji* descreve um tipo particular de coragem. *Zi* significa "brilho", enquanto *ji* significa "esplendor" ou "dignidade". Em outras palavras, o guerreiro que conduz a sua vida sem medo literalmente brilha com dignidade e irradia o esplendor da sua existência. É como se ele não pudesse conter a luz que o seu coração irradia. Todos podem vê-la.

Uma maneira mais sucinta de traduzir *ziji* é "confiança brilhante". Você pode carregar a confiança consigo e aplicá-la diretamente em sua vida, em vez de escolher viver e morrer com medo. É possível sentir-se confiante ao expressar o sentimento do seu coração, consciente de que as feridas causadas por outras pessoas são temporárias e impermanentes. Creia que a sua *bodhichitta* pode abranger tudo.

Uma forma de expressar claramente a confiança é permitir que ela flua naturalmente. Todo o caminho da garuda é fundamentado nesse conceito. Ao seguir o caminho da garuda, você está aprendendo a se desfazer do sólido conceito do seu "eu" e ponderando as suas expectativas fixas a respeito do mundo. Você está rompendo a armadilha do desejo e do medo, uma armadilha que lhe prendeu a maior parte da sua vida. Faz parte desse rompimento deixar para trás qualquer decepção que você tenha tido em relação à impermanência e à morte. Mesmo quando a sua vida muda drasticamente e você fica sem chão, pode aproveitar a oportunidade para se livrar dessa armadilha e permitir que ela siga no espaço. Permita que ela se dirija para algum lugar no reino da garuda.

Quando você relaxa diante daquilo que o incomoda em sua vida, está realizando dois treinamentos. O primeiro é deixar a expectativa de lado. Você está eliminando anos de reações habituais e formas com as quais você se acostumou a agir diante da dor, da frustração e do sofrimento. Você está efetivamente desfazendo o senso consolidado do "eu" que o paralisou e o impediu de viver a vida completamente.

O segundo treinamento que você está executando é aprender a relaxar. Demandamos tanta energia tentando constantemente proteger o "eu" que não fazemos a menor ideia do que acontecerá se abrirmos mão de todos os nossos escudos de proteção. É como sintonizar o rádio em uma estação: quando encontramos a frequência certa, a música toca claramente. O mesmo acontece quando aprendemos a ponderar a nossa expectativa: entramos em sintonia naturalmente com as coisas como elas são. Tudo em nosso mundo flui muito bem, como uma sinfonia de coragem e alegria criada especialmente pra nós. Assim, podemos finalmente relaxar.

Quando você interrompe a sua rotina e se senta para meditar, está praticando o ato de estar presente com a sua respiração e de entrar em sintonia com as coisas da maneira com elas são. Se você ampliar a sua consciência para todas as suas atividades diárias, poderá ver o mundo claramente, e utilizar a sua mente investigativa para observar as coisas como elas realmente são. Você ajuda o seu coração a abranger todas as coisas do mundo, sejam elas boas ou ruins.

Com essa abertura, você não se apega mais aos rótulos ou a opiniões e emoções que faziam parte das suas expectativas fixas. Os seus problemas não serão mais problemas: serão oportunidades para exercer a atenção plena. Os cocos atingem a nossa cabeça e nos sentimos alegres: outra oportunidade para cultivar a grandiosa visão da garuda! Outra oportunidade para cultivar a equanimidade!

18. Destrua o seu "eu" de papel machê

Até o momento, durante a nossa discussão sobre a garuda, falamos sobre todos os aspectos da vida que esse pássaro supera. Em outras palavras, analisamos todos os aspectos difíceis da nossa existência que nos deixam desconfortáveis: a impermanência e a ausência de terra firme. Quando seguimos o caminho da garuda e aceitamos esses aspectos na nossa vida, passamos a vê-los como algo com o que podemos lidar. Uma vez que existem verdades básicas, descobrimos que a nossa energia é mais bem empregada se encararmos tais problemas em vez de nos escondermos deles. Ao agirmos dessa forma, abrimos caminho para a equanimidade.

Um dicionário que consultei define a palavra "equanimidade" como "calma mental, compostura, serenidade de temperamento especialmente em uma situação difícil". Estamos nos esforçando para cultivar este nível de compostura e a nossa calma permanente ou meditação *shamatha*. Contudo, não podemos atingir a equanimidade sem a segunda parte da definição: as situações difíceis com a quais nos deparamos todos os dias. Essa parte dolorosa da vida consiste em oportunidades de trazer a nossa consciência para além da almofada de meditação, para que assim possamos agir como verdadeiros *bodhisattvas*. O verdadeiro *bodhisattva* admite as dificuldades e se mantém aberto e pronto para ajudar os demais durante toda a sua existência.

Ao olhar fixamente para a impermanência e para a falta de terra firme, estamos de fato observando as possíveis variações em relação a determinado assunto: como "eu" me protejo de um obstáculo e, ao mesmo tempo, como "eu" me escondo do meu próprio coração aberto. Esse "eu" que caminha conosco é muitas vezes citado na terminologia budista como o nosso ego.

"Ego" é uma palavra de apenas três letras que pode ser usada para indicar que, desde que nascemos, cada um de nós constrói uma visão definida sobre quem somos, como reagimos a determinadas situações, do que gostamos e do que não gostamos e com o que não nos importamos. Consolidamos esse ego ao longo dos anos, incorporando os bons e os maus hábitos para fazer com que a nossa existência pareça totalmente real e permanente.

Do ponto de vista budista, esse ego é uma ilusão. Da mesma forma que não podemos provar se existe um Deus ou vários deuses manipulando a nossa existência, também não podemos provar que somos um "eu" sólido e definido. Analisamos anteriormente como envelhecemos e mudamos. Porém, até que possamos quebrar essa casca de identidade que construímos, não podemos esperar para permitir que a nossa prática *bodshisattva* se manifeste plenamente e brilhe para o mundo.

De alguma maneira, o ego que você cria é uma versão sua feita de papel machê. Você utiliza o seu corpo como sustentação para essa "casca". A partir disso, você sobrepõe camadas de personalidade, acrescentando um interesse por esportes ali, um filme favorito aqui, um rosto bonitinho dali, e pronto! Você criou um ego de brinquedo. Considere o conjunto de contemplações a seguir como uma experiência para retirar todas essas camadas de papel machê do seu ego a fim de remover totalmente essa "casca".

CONTEMPLAÇÃO NOS CINCO *SKANDHAS*

Do ponto de vista tradicionalmente budista, o "eu" é um conglomerado de cinco *skandhas*, ou grupo de atributos que, juntos, nos trazem a ideia de que somos um ser sólido e completo. Os cinco *skandhas* são: forma física, sensação, percepção, formações mentais e consciência.

Reserve algum tempo para essa contemplação. Enquanto algumas práticas recomendam que você o faça sentado na cama pela manhã ou dirigindo o carro, eu sugiro que você a realize com pelo menos dez minutos de *shamatha*, antes e depois.

Após meditar um pouco, contemplaremos o primeiro atributo do grupo: a forma física.

A forma física

Comece com uma contemplação geral e pense continuamente nas questões: O que é o corpo? Ele está enraizado na sua mente? A ideia do seu corpo está baseada em sua mente? O seu corpo é o seu coração? Ao fazer essa avaliação, observe se o conceito que você tem a respeito do seu corpo está baseado na sua totalidade. O conceito da sua forma física é a imagem que você vê no espelho todos os dias?

Se você acredita que o seu corpo é algo fixo, o que aconteceria se perdesse uma parte dele? Se você perdesse um dedo em um acidente, ainda seria você? E se fosse um braço? Ainda seria você, mesmo se perdesse a mobilidade?

Outra forma de observar as ideias fixas a respeito do nosso corpo é selecionar uma parte específica dele e analisá-la por completo. Concentre-se na sua mão, por exemplo. O que é a sua mão? Ela parece bem sólida e real. Porém, na primeira vez que você se cortou, descobriu que há camadas de pele que a envolvem. Debaixo dessa pele há sangue circulando pelas veias. Também há músculos e ossos que proporcionam a sustentação.

A ciência nos mostra que cada elemento da nossa mão, aparentemente sólida, pode ser dividido em células. Cada uma dessas células pode ser dividida em moléculas. Assim, consideramos que cada molécula é composta por átomos. Se a nossa mão repousa sobre a coxa enquanto meditamos, onde termina o átomo da mão e onde começa o átomo da calça que estamos vestindo?

Tente essas três contemplações para analisar a sua forma física: avalie qual é a base do seu corpo; considere em que ponto o seu corpo não seria mais "você"; observe um aspecto do seu corpo em que os limites se tornam menos sólidos ou frágeis.

Conclua essa parte da contemplação direcionando a sua mente para as perguntas: Que parte do meu corpo representa o meu "eu"? Que parte do meu corpo é realmente sólida? Após refletir por dois minutos, volte para a *shamatha*.

Sensação

A próxima contemplação envolve a sensação, o segundo elemento dos cinco *skandhas*. Muito provavelmente, você sentiu uma emoção forte esta semana. Com frequência, quando somos abalados por esse sentimento, parece que não somos nada além de uma matéria ambulante da nossa experiência. Quando encontramos uma nova paixão, caminhamos como se estivéssemos nas nuvens. Quando estamos com raiva, nos colocamos abaixo de nuvens de tempestade carregadas, como nos desenhos animados. Não nos conscientizamos disso porque nos tornamos uma bola de tensão e agressividade.

Seja qual for a forte emoção que o atingiu, reserve um momento para entendê-la. Comece deixando-a ferver totalmente dentro de você. Mantenha-se sentado e observe a sua postura. Agora, contemple a pergunta: Onde esta emoção está presente em meu corpo? Tente localizar a parte do corpo em que você está percebendo esse sentimento. Observe a tendência de tentar fugir dessa emoção. Perceba se a emoção é algo que você deseja, se há algum sentimento de raiva ou apenas a vontade de se afastar dela.

Após alguns minutos observando a localização física dessa emoção, note as outras características dela. Esse sentimento tem alguma forma específica? É quadrado? Redondo? Um octógono? Qual a cor dele? É frio ou quente? Quanto mais você sondar esse sentimento, menos ele irá prendê-lo. Mesmo que o sentimento tenha lhe dominado como se você fosse um cachorro com coleira, quando identifica a emoção, você percebe que não há ninguém do outro lado segurando a coleira. Na verdade, ela não existe. A sua sensação, por mais que pareça real, não possui nenhum conteúdo real.

Após contemplar essa sensação, retorne para a *shamatha*.

Percepção

Agora prosseguiremos contemplando o terceiro *skandha*, a percepção. À medida que a sua respiração deixa de ser o objeto da sua meditação, volte a atenção para a sua percepção. Por exemplo, concentre-se no que está ouvindo. Pode ser o trânsito na rua da sua casa, o som do computador processando ou a respiração do seu gato ou cachorro. Continue voltando a atenção para esse som, da mesma maneira que para a sua respiração na *shamatha*.

Agora, contemple as questões: Onde está localizado este som? Ele existe no objeto físico ou no ser que o está produzindo? E o meu ouvido? Onde este som se localiza no meu ouvido? E na minha mente? Tente encontrar a localização específica dele.

Você pode experimentar a contemplação com os seus outros sentidos, como o que você vê, cheira, toca ou, caso tenha alguma bebida gostosa próximo ao seu espaço de meditação, experimente-a. Tente encontrar a localização real dessas percepções sensoriais. Ao término da contemplação, volte à *shamatha*.

Formações mentais

Nesse ponto, concentre o pensamento nas suas formações mentais, o quarto atributo que nos leva a considerar o nosso "eu" como uma realidade sólida e independente.

Ao iniciar a meditação, observe os diferentes pensamentos que surgem. Em vez de atribuir a eles a palavra "pensando" e voltar à sua respiração, utilize-os como objeto de contemplação. Sinta-se livre para investigar quaisquer hábitos do pensamento, ideias novas, opiniões fixas ou impulsos que apareçam. Quando algum pensamento forte surgir, contemple: Onde esse pensamento está localizado? Permaneça nessa contemplação por um tempo e, em seguida, retorne à *shamatha*.

Consciência

O último *skandha* que temos de contemplar é a consciência. Volte brevemente às contemplações anteriores mais uma vez. Considere isso uma retrospectiva da sua meditação anterior: comece examinando um dos métodos de avaliação da sua forma física, então aponte uma sensação e tente distinguir os seus aspectos específicos. Em seguida, selecione uma sensação de percepção, tente encontrar a sua localização e continue inspecionando um de seus pensamentos.

A partir disso, contemple: Onde está este "eu" que pratica a meditação? Quem está de fato meditando?

Após algum tempo de contemplação, relaxe a sua mente e deixe de lado toda a técnica. Não volte à *shamatha* por enquanto; em vez disso, relaxe no espaço desse momento que a meditação lhe trouxe.

O período de descanso ao término dessa contemplação é muito importante. Ao desenvolvermos um olhar que enxerga as coisas como elas realmente são, nos sentimos cada vez mais confortáveis e permitimos que tudo flua naturalmente. Nos sentimos confiantes porque estamos vendo a realidade mais claramente. E essa confiança nos inspira a contemplar cada vez mais a realidade. Começamos a reconhecer que há uma ilusão mental que nos apega à ideia de uma realidade fixa que existe de uma maneira sólida e, como consequência, a nossa crença no ego e no "eu" começa a se diluir.

Quando passamos a relaxar diante do fato de que o nosso ego não é tão sólido quanto pensávamos, sentimos a equanimidade. As situações difíceis que surgem em sua vida não precisam ser encaradas com tanta seriedade. Por exemplo, se alguém tenta insultá-lo, você pode considerar que esse indivíduo não existe de maneira tão real quanto pensamos. O insulto não possui nenhuma substância concreta, posto que é uma formação mental e não uma forma sólida. O insulto não pode recair sobre terra firme porque você mesmo não é um território concreto para nada. Pode ser libertador perceber que não existe quem insulte, nem insulto e nem ninguém para ser insultado.

A sua vida é fluida e impermanente. A equanimidade é sentir-se confortável com a realidade. Quando você vê o seu mundo pelos olhos da garuda, não se limita mais às opiniões sobre o que você gosta ou não, tampouco às coisas sobre as quais não possui opinião. Estabelecer opiniões e preconceitos parece piada, porque você sabe que eles são vazios e não existem de verdade. O medo também não é tão sólido quanto imaginamos. A partir dessa descoberta, podemos compreender que a equanimidade está além do desejo e do medo.

Assim como a garuda, você pode sentir a equanimidade em seu mundo. Analisar a sua vida de forma investigativa traz a sensação de liberdade. Ao seguir esse caminho, você rompe aquela versão de papel machê de si mesmo. Você joga fora as camadas das suas reações habituais que cultivou ao longo dos anos. Dentro dessa casca endurecida há espaço. Nesse espaço está a *bodhichitta*. Ao descobrir a nossa natureza inata, podemos experimentar e tocar o nosso mundo de forma direta e íntima e nos libertar dos nossos conceitos. Essa é a experiência de viver destemidamente.

19. Traga uma mente espaçosa às atitudes gentis

A minha mente é vasta como o céu e as minhas ações são sutis como sementes de gergelim.

Padmasambhava

O mundo está em constante mudança e nos parece um lugar caótico. Durante a sua vida, você recebe inúmeros alertas de mudança, como a velhice e a morte. Até mesmo os melhores planos desmoronam o tempo todo. Além disso, você mesmo não é sólido; não é a entidade fixa que acreditou ser.

Ao reconhecer todos esses fatores, você pode se desprender das suas opiniões fixas a respeito de como as coisas deveriam ser e passar a vê-las como elas realmente são. Você pode seguir o caminho da garuda, relaxar a sua mente e ampliá-la para o mundo, apreciando a vida e toda a sua complexidade. Não precisamos criar asas e bico para agir como a garuda, mas podemos incorporar as características dela ao nosso cotidiano: o trabalho, a casa, a família, o dinheiro, os aparelhos eletrônicos etc.

Nosso trabalho

Ao término de um fim de semana muito agradável, sentimos um frio na barriga. Não temos a menor vontade de trabalhar na segunda-feira de manhã. Porém, o motivo pelo qual estamos estragando as nossas últimas horas de um ótimo domingo não se baseia em nenhuma realidade. Não é a nossa realidade. É possível que você esteja assistindo a um filme engraçado, mas, como a sua mente continua pensando no trabalho, você se sente péssimo. Contudo, não é o trabalho que está nos causando essa angústia, e sim as nossas expectativas do que acontecerá no trabalho.

Em vez de seguir o senso comum de que o trabalho é uma chatice, podemos olhar para ele com o sentimento de alegria, conscientes de que é uma oportunidade de seguir o caminho da garuda. Assim, ponderamos as opiniões fixas que desenvolvemos ao longo da nossa vida. Não precisamos marcar o cartão de ponto com: "O meu receio de hoje é...". Ao contrário, devemos fazê-lo sem nenhuma expectativa. Em outras palavras, podemos considerar o nosso dia na escola ou no trabalho uma chance de trabalhar o impulso pessoal de ceder ao desejo e ao medo.

Em vez de ficar abalado com a armadilha do desejo e do medo, você pode usar o seu trabalho como uma oportunidade de refletir a respeito desse estado emocional. Tente manter sua mente aberta a quaisquer possibilidades que possam surgir. Quando você perceber que está preso pelo medo, aplique qualquer uma das técnicas de contemplação do Capítulo 18 para inspecionar essa forte emoção. Se você sair de uma reunião com a sensação de que as coisas deveriam ter sido diferentes, analise essa opinião e observe se há algum fundamento real para a existência dela. Se não encontrar nenhum, apenas deixe-a de lado.

Deixar de lado as suas opiniões fixas permite que você se reconecte com a sua mente ampla e esteja disponível e aberto a qualquer oportunidade. Se há algo no seu trabalho que você sempre evita, livre-se da sua expectativa a respeito de como aquilo deveria ser. Encare essa situação aparentemente difícil e você se surpreenderá ao perceber que pode apreciar a experiência; você verá novas chances para progredir espiritual e profissionalmente.

Nossa casa

Quando você está diante de pessoas difíceis de conviver, é fácil observar que lidar com elas de uma maneira positiva pode ser parte da sua prática. Mesmo quando você está em casa sozinho e com tempo livre, pode continuar mantendo a mente ampla. Não precisa se jogar em frente à TV e ficar olhando para o nada, mas você pode descansar nesse espaço e aproveitar o seu lar.

Uma maneira de aplicar os ensinamentos da garuda ao seu lar é seguir o conselho de Padmasambhava oferecido no início deste capítulo: mantenha a mente aberta, mas seja preciso em suas ações. Algumas pessoas imaginam que, se mergulharem com profundidade nos aspectos filosóficos do budismo, tal como a ausência do "eu" sólido, atingirão verdadeiramente o seu objetivo. Esse discernimento da realidade não é útil. Geralmente, essas pessoas acabam se tornando más companhias para o cônjuge e, com isso, a louça para lavar transborda na pia.

A garuda é capaz de sobrevoar sem nenhum esforço e nunca se prender a opiniões fixas, o que não significa que ela faz o que quer e ignora o que está acontecendo ao seu redor. Muito pelo contrário: ela está inteiramente conectada a seu mundo. Em vez de tentar compreender teoricamente os ensinamentos da garuda, tente treinar ao manter a *vipashyana* fora da almofada de meditação e você verá que uma compreensão clara da realidade naturalmente vai aparecer. Dessa maneira, você estará usando esses ensinamentos para abrir a mente e será capaz de lidar com as relações e com a realidade do dia a dia de sua casa.

Por exemplo, pense como foi quando você chegou em casa depois da sua última viagem. Pode ter sido apenas uma viagem de fim de semana, mas, quando você entrou em casa, percebeu imediatamente alguma coisa diferente na cozinha. Você vê alguns copos sujos que pensou ter lavado e que não lavou, e percebe também que há um punhado de poeira acumulado sobre o fogão devido à falta de uso.

Antes de pensar em como você esperava encontrar a sua cozinha, reserve um momento para observar o estado real do cômodo. Ao observá-lo de perto, poderá analisar detalhadamente a opinião fixa que você tinha quando saiu para viajar. A partir disso, pode começar a limpar a casa e deixá-la do jeito que lhe fará sentir-se mais confortável.

Nesse caso, você teve a oportunidade de se ausentar da sua casa e pôde observá-la a partir de outra perspectiva. Seguindo o exemplo da garuda, é possível tranquilizar a sua mente em qualquer situação e executar esse procedimento. Você simplesmente caminha até um cômodo, deixa as suas opiniões do lado de fora e aprecia a sua casa como ela é. Você se sente satisfeito com o que vê? Há alguma coisa que você queria mudar? Relaxe no espaço da sua mente e, depois de analisar a situação, siga adiante e coloque as luvas de limpeza.

Agora, vamos aprender a lidar com a decoração seguindo o exemplo da garuda. Geralmente você caminha pela casa, fura as paredes com um martelo e pendura os quadros em cômodos e em posições diferentes, mas está sempre insatisfeito com os resultados. Faça o contrário: relaxe a mente por um momento e livre-se de qualquer ideia sobre onde o quadro deve ficar. Examine a parede da sua casa da mesma maneira que a garuda examina a paisagem – livre de qualquer opinião. Caminhe pelo espaço mantendo a mente tão ampla quanto o céu.

Após alguns minutos de descanso na amplitude da sua mente, observe quais sentimentos surgem. Se você se sentir atraído por um ponto específico, analise-o. Caso sinta que é o lugar onde deseja que o seu quadro fique, é o momento para empenhar-se nas ações que são tão sutis quanto as sementes de gergelim. Pegue a fita métrica, meça as paredes, defina com exatidão o ponto onde ficará o prego e execute a tarefa com empenho e precisão.

De uma mente vasta como a da garuda, ações incrivelmente precisas e sutis irão se manifestar. Essa maneira de se relacionar com o mundo pode começar em casa, mas é aplicável a todos os aspectos de sua vida.

Nossa família

Se quisermos oportunidades para trabalhar os hábitos da nossa mente, passar uma semana com a família é uma prática privilegiada. Você não apenas tem as oportunidades de vivenciar certas situações dinâmicas, como também percebe a realidade da velhice e da impermanência das pessoas que você conhece desde o início da vida.

Muitas vezes, quando estamos na almofada de meditação, estamos lidando com nossos velhos conceitos sobre como as coisas deveriam ser. Em uma família, certos conceitos têm acompanhado gerações: a ascensão da carreira, o melhor momento para começar a beber, a idade certa para se casar. De fato, certas identidades de cada família parecem impenetráveis.

Porém, se somos capazes de manter a equanimidade mesmo diante das relações dinâmicas que envolvem uma família, estamos naturalmente ponderando as nossas opiniões sobre como as coisas deveriam ser. Apenas o fato de nos mantermos abertos em meio a conversas repletas de estresse faz com que nos livremos do novelo da dinâmica habitual em nossa família. Por mais difícil que pareça, ao manter a equanimidade em meio a situações tensas, você está ajudando as pessoas a se manterem calmas.

Mesmo que você seja o tipo de pessoa que tem uma rotina agradável com a família, pode ser doloroso perceber os sinais do tempo naqueles que amamos. Reconhecer a realidade da situação e aceitá-la é a prática do guerreiro que incorpora a garuda. Ao se desfazer das suas opiniões sobre como as coisas deveriam ser e se manter aberto para enxergar as coisas como elas de fato são, você está executando a prática verdadeira do *bodhichitta*.

É possível notar as características boas e ruins na dinâmica da sua família em meio ao grande amor e carinho que você sente por essas pessoas com as quais sempre conviveu. Em vez de aderir a determinada dinâmica, você pode reverter alguns hábitos e manter a mente ampla, livre de qualquer opinião sobre como as coisas deveriam ser.

Nosso dinheiro

No capítulo sobre o tigre, analisamos a nossa relação pessoal com o dinheiro e, no capítulo sobre o leão da neve, observamos como podemos usá-lo de forma positiva. O caminho da garuda consiste em perceber que o dinheiro não é tão sólido quanto pensávamos e, como consequência, a nossa relação com os bens materiais se torna maleável e fluida.

O guerreiro que segue o exemplo da garuda aplica os ensinamentos da mudança e da fluidez da realidade na relação com o dinheiro. Por exemplo, pense na última vez que você sacou dinheiro em um caixa eletrônico. Ao final da operação, é provável que a máquina imprima um comprovante informando quanto você ainda possui na conta. Se o valor for alto, você sente desejo, mas se for baixo, sente medo. Porém, trata-se apenas de um número. Não representa nenhuma substância permanente.

O dinheiro que está em sua carteira também é efêmero. Trata-se apenas de papel e metal. O que tem importância é o valor que a sociedade atribui a ele. O dinheiro é uma ferramenta conceitual que nos ajuda a provar que ganhamos alguma coisa com o nosso trabalho e que nos permite obter bens e serviços. Ele não nos causa nenhum dano; são os conceitos e as emoções que atribuímos a esses números e pedaços de papel e metal que podem nos causar angústia.

Não devemos preencher a nossa relação com os bens materiais com milhões de medos e desejos. Em vez disso, podemos notar a natureza vazia e fluida do dinheiro de diversas maneiras. Quando observamos o dinheiro dessa forma, libertamos a nossa ideia fixa sobre o que é ou não possível. Ao ponderarmos a relação conceitual com os bens materiais, passamos a enxergar o dinheiro como um meio de enriquecer. Observaremos como uma mentalidade orgulhosa ou pobre pode surgir e, em vez de induzir esses pensamentos, relaxamos ainda mais a nossa mente, criando espaço para que tais ideias surjam e se dissolvam sem nenhum tipo de esforço da nossa parte.

Quando mudamos a nossa relação com o dinheiro, afirmamos a sua qualidade energética de uma maneira muito poderosa. Não somos mais escravos das nossas opiniões e tampouco da importância que damos às coisas. Sabemos que o dinheiro é flexível e mutável, como tudo no mundo, e podemos utilizar essa ferramenta de construção da sociedade para o nosso crescimento pessoal. Ao nos libertarmos das nossas opiniões, podemos utilizar o dinheiro de um modo que beneficie a nós e às outras pessoas. Quando direcionamos a nossa visão contemplativa para os aspectos básicos do cotidiano, como a nossa relação com o dinheiro, por exemplo, expandimos a nossa visão sobre o que temos para oferecer considerando todos os elementos da nossa vida.

Nossos aparelhos eletrônicos

Em algum momento da minha existência, nossa sociedade se tornou dependente de pequenos dispositivos eletrônicos. Antes, quando você se perdia e tinha de procurar um endereço, consultava um mapa ou perguntava para alguém na rua, torcendo para que lhe fosse indicada a direção certa. Hoje em dia, as pessoas apenas olham para o celular e rapidamente descobrem sua localização exata. As direções estão apenas a um clique de distância.

Dependemos de poucas coisas na sociedade atual, mas o bom funcionamento do seu aparelho eletrônico é, sem dúvida, uma delas. Como já analisamos o mundo à nossa volta, sabemos que tudo é impermanente. Cientes disso, não deveríamos nos surpreender quando os nossos dispositivos eletrônicos falham ou quebram. Porém, muitos se surpreendem e ficam com raiva quando a tecnologia que utilizam se torna objeto das forças da natureza, como tudo à nossa volta.

Eu acho fascinante observar como a tecnologia melhorou o nosso contato com as outras pessoas e como, ao mesmo tempo, tornou a comunicação menos clara. Você recebe um e-mail e, mesmo depois de ler vinte vezes, ainda não sabe se a pessoa que escreveu está brincando com você ou se está, na verdade, com raiva e tentando aborrecê-lo.

Tendo em vista a prevalência da tecnologia em nossa sociedade, não podemos simplesmente ignorar esses recursos eletrônicos. Todos os consideram úteis porque tornam a nossa vida mais fácil e ao mesmo tempo complicada, pois muitas vezes geram confusão e podem se quebrar.

O caminho da garuda consiste em empregar todos os recursos disponíveis em nossa vida, como o laptop, o celular e a televisão, sem nos apegarmos ao medo e ao desejo. Podemos adquirir o mais novo aparelho tecnológico e fazer um bom uso dele, mas precisamos ter consciência da natureza básica desse objeto. Assim como um novo relacionamento amoroso ou um novo emprego, um novo aparelho eletrônico não é capaz de nos trazer a felicidade. Ao reconhecer que a felicidade verdadeira consiste em permanecermos presentes em qualquer situação, cabe a nós descobrir como utilizar a tecnologia de maneira apropriada para que ela nos permita atingir esse objetivo.

Nosso lazer

É possível ser um "bom budista" e continuar saindo para se divertir num sábado à noite. O mais importante não é observar a sua mente meditativa enquanto escolhe o casaco que vai vestir, mas mantê-la onde quer que você esteja. Se manter a mente aberta, você poderá ver a realidade de maneira mais clara e saberá como agir correta e honestamente.

Se você sair com os amigos para um bar, observe quanto tempo você consegue ficar livre das suas opiniões. Você pode começar a observar as pessoas imediatamente. A partir disso, você cede às três reações básicas: "Ela é atraente, quero ficar com ela"; "Ela é uma idiota, que fique longe de mim!" ou ainda "Não sei se ela tem alguma aliança no dedo, então nem vou me aproximar".

Quando você chegar ao bar, tente relaxar e apenas permaneça presente com quem quer que seja a sua companhia naquele momento. Mantenha certo senso de amplitude diante da sua companhia e durante toda a noite apenas observe o que pode surgir. Se você se vir diante de uma situação complicada em algum momento, logo perceberá qual é a melhor maneira de reagir ao permanecer verdadeiramente presente naquela situação.

Quando você mantém a mente aberta em vez de tentar se concentrar para ter uma noite perfeita, pode ter uma experiência divertida. Não porque você manipulou a situação de alguma forma, mas porque você relaxou e soube lidar com as oportunidades à medida que elas surgiram. Na verdade, se você tentar produzir a diversão, a sua noite nunca atenderá às suas expectativas. Apenas encarando as situações com verdadeira tranquilidade é que você será capaz de se divertir.

Um bom exemplo disso é a véspera do ano-novo. Todos os anos, as pessoas fazem uma lista de planos com o objetivo de aproveitar melhor o seu tempo e de se divertir mais. Essa lista pode incluir um encontro com os amigos em sua casa ou comparecer a inúmeras festas, mas, quando o relógio indica meia-noite, elas acreditam que a melhor época de suas vidas terá início. Com tamanha expectativa, não nos surpreende saber que muitas pessoas ficam chateadas na véspera de ano-novo. Ano após ano, milhares de pessoas tentam trazer esse plano para a realidade, sem notar que, se elas ponderassem suas opiniões sobre como a véspera do ano-novo deveria ser, muito provavelmente se divertiriam à beça.

Para a próxima véspera de ano-novo, eu sugiro que você tente se manter aberto a qualquer situação que surgir. Livre-se de qualquer plano ou ideia fixa sobre como a noite deve ser. Mesmo que você tenha uma ideia de como a festa deva começar, apenas entre na situação sem pensar onde você vai estar à meia-noite. Aproveite essa noite com velhos amigos. Esteja aberto para fazer novas amizades, caso elas surjam. Não se preocupe em se divertir, apenas permita-se divertir a si mesmo. Você pode deixar as suas opiniões sobre o que deveria acontecer porta afora. Se você adentrar a noite sem nenhuma expectativa definida, tenho certeza de que ela será maravilhosa.

Quando nos empenhamos no caminho da garuda, estamos aprendendo a manter uma mente ampla e tranquila em todas as situações, seja no trabalho, em casa, com aqueles que amamos, com o nosso dinheiro, nossos aparelhos eletrônicos ou ao sair à noite para nos divertir. Podemos fazer tudo isso se aprendermos a equilibrar estes dois fatores: a nossa compreensão sobre o funcionamento do mundo à nossa volta e a equanimidade da garuda.

Se relaxarmos e abrirmos a nossa mente e coração completamente, nossas ações irão fluir com naturalidade a partir desse ponto de vista. Podemos seguir o conselho de Padmasambhava e manter a nossa mente ampla e aberta à realização de atitudes sutis que beneficiam a nós mesmos e aos demais. Não temos que pensar em todas as situações. Não precisamos planejar cada minuto do nosso dia. Podemos seguir o fluxo natural da vida e relaxar com liberdade.

Parte 4

Relaxe diante da mágica

20. Cantando a canção *vajra* (no banho)

Eu tenho a mágica sobre mim.

River Cuomo

A bondade fundamental é importante. Ao analisar as três dignidades (o tigre, o leão da neve e a garuda), estamos estudando como nos conectar com a nossa sabedoria inata e como utilizá-la como bússola moral. As diversas qualidades que contemplamos ao nos conectar com as dignidades podem nos ajudar a entrar em contato com o nosso mundo e a abrir o nosso coração para as outras pessoas. O grande responsável e produtor de toda a nossa atividade desperta tem sido e continuará sendo a nossa bondade fundamental.

A característica comum entre as dignidades é que todas elas nos fazem permanecer na situação real, no momento presente. Se desejamos ser felizes em nossa rotina, precisamos estar presentes nela. Se quisermos aprender a ajudar as outras pessoas, precisamos permanecer presentes para enxergar como podemos ajudá-las. Todo o nosso caminho de análise dessas dignidades reforça o conceito de que precisamos nos conectar com o que está acontecendo neste exato momento, o que nos possibilita entrar em contato com a nossa bondade.

Porém, ao analisarmos a quarta dignidade – o caminho do dragão – notamos uma mudança fundamental. O foco não é apenas relaxar para estar presente no mundo. Ao seguirmos o caminho do dragão, estamos verdadeiramente presentes em nossas vidas e manifestamos continuamente a nossa sabedoria inata. Estamos aprendendo a permitir que a nossa bondade flua naturalmente, sem nenhum esforço, e, o mais importante, consideramos tudo ao nosso redor como uma oportunidade de expressar a nossa beleza inata.

Este é o reino dos ensinamentos *Vajrayana*. A *Vajrayana* segue a linha da tradição *Mahayana*, em que você torna todas as pessoas do mundo uma parte do seu caminho de compaixão. Você se baseia na disciplina *Hinayana* ao cuidar de si mesmo e continua vivenciando o ideal da *Mahayana*, que consiste em viver em benefício dos demais. Contudo, a *Vajrayana* não se preocupa exclusivamente com a bondade perante os outros. Aquele seu chefe chato e o seu parceiro não são os únicos que compõem o seu caminho. O fundamento da *Vajrayana* consiste em preocupar-se com todos e observar tudo como uma oportunidade de estar desperto.

De acordo com a *Vajrayana*, aquela cervejinha de sexta-feira à noite foi feita para você. O seu caminho é aquele doce que você mantém guardado na gaveta da sua mesa. É aquela música que você canta debaixo do chuveiro. Tudo o que você faz durante o dia é uma oportunidade para a prática, seja interagindo com alguém ou não. Mesmo que você esteja apenas cantando no banho, com um sabonete na mão e completamente sozinho em seu apartamento, esse caminho consiste em continuar a manifestar a sua bondade fundamental.

O caminho da *Vajrayana* tem por objetivo olhar para todos os aspectos da sua vida a que você geralmente não presta muita atenção e contemplar: "Como eu posso expressar a minha sabedoria inata aqui?" ou "Como posso expressar as minhas qualidades iluminadas?". Isso significa olhar para as diversas circunstâncias da sua vida que você considera secundárias e enxergá-las como oportunidades para praticar a mente meditativa.

Essa questão sobre expressar a sua bondade fundamental pode parecer boba quando estamos cantando debaixo do chuveiro, mas é muito válida. Pense nos momentos em que você está completamente sozinho e sabe que ninguém (além de você mesmo) irá julgá-lo. Você está verdadeiramente aberto e livre? Ou está repleto de dúvidas, se autodepreciando, sussurrando para o sabonete e tentando encobrir o seu coração?

Ao analisarmos o quanto estamos em contato ou não com a nossa bondade fundamental, podemos aplicar a gentileza do tigre. Não devemos nos julgar rigorosamente, mas sim utilizar cada ação investigativa como uma oportunidade de comemorar o ponto em que chegamos desde que começamos a nossa prática de meditação. Continuamos gentis conosco e mantemos uma atitude livre de julgamentos ainda no nível da *Vajrayana* – ou melhor, sobretudo no nível da *Vajrayana*.

Vajrayana é uma palavra do sânscrito cuja tradução pode ser "veículo indestrutível". Não se trata simplesmente de um termo bacana para o estilo de vida budista (embora seja isso também). De modo particular, esse termo aponta um aspecto sobre nós mesmos do qual não podemos nos esquecer ou esconder. O caminho da *Vajrayana* é o entendimento e a expressão de algo verdadeiramente indestrutível: o nosso próprio despertar.

Um termo que você muito provavelmente já ouviu a respeito da *Vajrayana* é *tantra*. Às vezes, esse veículo é citado como *Tantrayana*. Uma das definições da palavra *tantra* é "continuidade". Quando utilizada nesse sentido, refere-se à continuidade da consciência. O caminho da *Tantrayana* consiste em permanecer continuamente aberto e em contato com a nossa bondade fundamental. Acredita-se que não há tempo para intervalo em nossa prática; precisamos permanecer em constante sintonia com o nosso coração e com nossas atitudes. Quando somos capazes de nos manter despertos em todos os aspectos da nossa vida, estamos seguindo o caminho da iluminação.

Após alguns meses ou anos de prática de meditação, você pode sentir que não está desperto em todos os aspectos da sua vida. Se for esse o seu caso, saiba que não está sozinho. De fato, a maioria das pessoas encontra dificuldade para se manterem abertas mesmo quando estão sozinhas, debaixo do chuveiro, cantando uma música das Spice Girls. Isso ocorre porque não desenvolvemos profunda confiança na bondade fundamental.

De certa maneira, os ensinamentos da Shambhala budista são muito simples. Por meio das quatro dignidades, permanecemos concentrados em nos manter abertos em nossa vida. Mantemos contato com o produtor da nossa atividade compassiva, que é o nosso coração aberto. Da mesma maneira, nos remetemos à fonte da nossa capacidade de sermos abertos, que nada mais é que o fato de sermos naturalmente bons.

Porém, mesmo que sejamos devotos de uma vida gentil e equilibrada, não devemos necessariamente caminhar confiando sempre no fato de que somos personificações da bondade fundamental. Logo, se desejarmos seguir o exemplo do dragão, precisaremos confiar de fato em nossa bondade fundamental.

Para nos tornarmos um *pawo* – aquele que é corajoso – devemos ter a coragem de sobrepor a voz incessante da sociedade, que sussurra em nossos ouvidos desde sempre dizendo que não somos bons, bonitos ou inteligentes o suficiente. Isso significa que devemos ao poucos desfazer a nossa tendência de duvidar de nós mesmos.

Uma maneira de pensar nessa dignidade é associar o caminho onde você está com um novelo que precisa ser desenrolado. Você amarrou o seu "eu" tão forte que é difícil imaginar ser algo além de você mesmo, um novelo bem enrolado. É exatamente isto que você é: sem amarras, sem nós, mas um novelo de lã.

Porém, quando você começa a meditar, é como se você estivesse desfazendo esse novelo. Ele rola um pouco sobre o chão e uma parte do fio começa a se soltar. Esse fio pode representar a rotina rígida que você inicia pela manhã ou um "tipo ideal" de companheiro que você procura. Em outras palavras, é uma ideia fixa. É quem você pensa ser.

Por meio da meditação, você passa a ver que as coisas não são tão sólidas quanto imaginou; com um pouco de estímulo, você pode soltar alguns traços enrijecidos em você. A partir dessa percepção inicial, você pode se sentir motivado a utilizar diferentes técnicas de meditação e práticas contemplativas para desenrolar o novelo. Gradativamente, você passa a deixar de lado todos aqueles aspectos da vida dos quais você sempre quis se livrar. Além disso, você não parece mais o mesmo; aquele novelo sólido parece mais um bolo de fios soltos. Você se sente assim quando sai da sua almofada de meditação: está em paz e com a mente ampla.

No momento em que você se sente mais amplo, com os fios mais soltos ao seu redor, você começa a desfazer certos nós. Esses nós existem desde que você era um bebê, um pequenino novelo de lã, e eles representam as dúvidas inerentes a todos os seres humanos. Esses nós são os seus pais dizendo a você coisas que uma criança não deve fazer; são as propagandas da TV mostrando pessoas bem-sucedidas que não se parecem nem um pouco com você; são a falta de crença na sua sabedoria inata; são os fatores que o impedem de se manter amplo e aberto o tempo todo.

Ao deixar de lado os seus traços negativos e encarar a realidade de que você não é tão sólido quanto imaginava, você ainda tem um longo caminho pela frente. Você precisa desatar esses nós. Em outras palavras, é necessário abordar de forma direta qualquer incerteza que você ainda tenha sobre a sua bondade fundamental. Esse nível de incerteza não é simplesmente a dúvida do dia a dia. É aquela desconfiança encoberta, que gera um fluxo de pensamentos que questionam a sua vida e a importância dela.

Certa vez, durante um programa de meditação, eu estava lecionando em Boston para uma turma que fazia perguntas de forma anônima. Em grupo, nós discutíamos como aplicar os ensinamentos tradicionais das quatro dignidades para resolver as questões por eles apresentadas. Uma pessoa escreveu dizendo que estava preocupada que o seu namorado não a amasse porque ele nunca havia dito "eu te amo". Durante o debate, percebemos que, em uma situação como essa, a melhor maneira de cuidar de si mesmo é usufruir da comunicação, dizendo ao companheiro que você gostaria que ele expressasse o amor que sente por você com mais frequência. Apenas isso.

Porém, a dúvida real que muitas vezes está presente nessa porção de fios "Ele me ama" é um grande nó: a incerteza de que você é merecedor do ser amado. Em momentos diferentes da nossa vida, creio que todos nós já nos deparamos com esse nó, ou pelo menos com algum muito parecido com ele.

Todos nós temos os nossos próprios nós e, quando percebemos qual é essa incerteza em nossa vida, precisamos desfazê-lo observando-o mais de perto, enxergando-o como ele de fato é. Se não pararmos para desfazer esses nós de dúvida, a armadilha da incerteza se manifestará de diferentes maneiras. Precisamos pôr mãos à obra e desmanchá-los com a clareza da sabedoria do dragão.

O dragão não fica atado pela incerteza, mas é livre e divertido em meio a todos os aspectos do mundo. Seja um filme à noite ou uma briga de bar, o dragão está presente de forma incondicional. Isso ocorre porque ele se libertou da armadilha da incerteza; ele pôs a sua prática em ação e incorpora de maneira verdadeira a sabedoria de estar completamente presente. Como não está tentando manifestar os ensinamentos budistas, mas age em sintonia com o seu coração, não há espaço para ser surpreendido pelos nós da dúvida.

Há uma dica para seguir o exemplo do dragão: não devemos desconsiderar os nossos nós de dúvidas e incertezas. Não devemos construir uma teoria para nos livrarmos deles. Podemos apenas relaxar a mente na nossa sabedoria inata. A partir disso, a confiança em nossa bondade fundamental cresce e as dúvidas naturalmente desaparecem.

Um dos meus professores, Khenpo Tsultrim Gyamtso Rinpoche, disse certa vez:

> "Às vezes você precisa se dedicar à prática e, outras vezes, você precisa reduzi-la, pois ambas as ações são importantes. Os iniciantes devem se dedicar bastante, os intermediários podem relaxar um pouco e os mais experientes acabam perfeitamente relaxados. Mas, se você está muito apegado ao relaxamento, torna-se resistente; então, também não se apegue ao relaxamento."

Cada um deve encontrar um equilíbrio entre o relaxamento e o esforço para superar a incerteza e revelar a sua bondade fundamental.

À medida que nos tornamos mais confiantes em nossa bondade fundamental, deixamos cair as camadas de incerteza como um lagarto quando troca de pele. Todas as vezes que você foi derrotado no jogo desaparecem. Todos os momentos em que você se sentiu inadequado no trabalho somem. Todas as vezes que você foi rejeitado por alguém caem por terra. Ao libertar-se da incerteza e permanecer presente o suficiente para entrar em contato com o seu próprio coração, você está deixando cair a sua pele escura e suja. Por baixo da pele, você é *ziji*: confiança. Você é *bodhi*: aberto. Por baixo das camadas de incerteza, você é majestoso como o dragão. Você confia em si mesmo e no mundo.

Porém, ser um dragão de forma majestosa não significa que as coisas ruins não surgirão e tampouco que elas não tentarão tirá-lo desse estado de confiança. Essa não é uma sequência de ensinamentos sobre como ser o primeiro do jogo. Haverá dor, desgosto e tristeza. A dor é inevitável, mas permitir que ela o distancie da sua sabedoria é opcional. O caminho do dragão consiste em manter-se aberto a todas as experiências que a vida pode lhe oferecer e, o mais importante, olhar para os obstáculos como se fossem o combustível para o seu caminho espiritual.

O dragão incorpora os ensinamentos que recebeu. Dessa forma, seguir o caminho dele não consiste apenas em transformar-se em algo novo. Trata-se de acordar para o que você realmente é. Você não precisa se empenhar para se tornar compassivo; você é compassivo. Também não é necessário treinar para ser sábio; você é sábio. Quando você unir ambos os aspectos da compaixão e da sabedoria, automaticamente saberá como agir perante o mundo.

O leão da neve e a garuda são exemplos de como explorar a compaixão. O dragão nos ensina como devemos repousar em nossa sabedoria. Juntas, essas dignidades formam uma ponte entre os ensinamentos da *Mahayana* e da *Vajrayana*. De certa maneira, elas são os dois lados de uma mesma moeda. A união entre a compaixão e a sabedoria constrói viabilidade. Quando você incorpora essas dignidades, mantém a mente ampla e agindo de acordo com o seu coração. A maneira mais eficaz de lidar com a sua vida surge naturalmente a partir desse ponto de vista.

O caminho do dragão consiste em observar todos os aspectos, os bons e os ruins, e alcançá-los como se fossem a coisa mais desejável da sua vida. Queremos lidar com o nosso mundo de forma direta, pois podemos unir a compaixão e a sabedoria para realizar os nossos objetivos. Podemos viver a nossa vida com destreza. Não estamos sobrecarregados pela incerteza, então estamos abertos e completamente dispostos para o que vier à nossa frente. Não temos de escolher como as coisas são ou não são e quais desejamos ignorar. Todas elas são combustível para o fogo que é a nossa experiência presente. Juntas, todas essas coisas são parte da gloriosa canção *Vajrayana* que cantamos para nós mesmos, ainda que sozinhos debaixo do chuveiro.

21. A autenticidade do dragão

No Ocidente, os dragões têm uma má reputação. Geralmente, são retratados como um grande inimigo que mantém uma linda moça como refém. Cospem fogo e comem pessoas. O clímax de muitas histórias infantis acontece quando um homem muito corajoso mata o dragão e vive feliz para sempre com a princesa que salvou.

Em contrapartida, no Oriente, os dragões são reconhecidos por sua sabedoria. São criaturas benevolentes que ajudam os humanos e repretsentam algumas das principais forças da natureza. Os dragões se preocupam com quem precisa de cuidados. Ambas as tradições, ocidental e oriental, concordam em um ponto: o lendário nome dessa criatura.

Na tradição ocidental, a palavra dragão teve origem do grego *drákon*, que pode ser traduzido como "a serpente de tamanho grande". Tanto a tradição ocidental quanto a oriental descrevem o dragão como uma grande serpente, com a pele repleta de escamas, garras afiadas e capacidade de cuspir fogo. Ele pode voar, nadar e viver em terra. Em suma, o dragão convive com todos estes elementos: céu, água e terra.

A palavra grega para dragão é muito mais intrigante que uma descrição física. Muitos linguistas acreditam que palavra *drákon* possa estar relacionada ao verbo *drakein*, que significa "ver claramente". No capítulo sobre a garuda, falamos sobre sairmos da terra firme e expandir o nosso espaço. Com o dragão, estamos aprendendo a lidar com esse espaço e a enxergar com clareza o nosso mundo como algo sagrado e cheio de qualidades mágicas para nos alegrarmos diante das nossas experiências.

Na Shambhala budista, uma frase frequentemente associada ao dragão é "água da água, fogo do fogo". O dragão enxerga o mundo claramente porque ele não está preso em suas opiniões ou formas de proteção do "eu". Ele interage com o mundo com liberdade verdadeira e age de acordo com o que o ambiente requer. A vida do dragão não é uma luta, mas uma oportunidade rica e uma grande chance de criar mudanças positivas no mundo. Se alguma situação requer o elemento água, ele voa pelas nuvens e cria a chuva. Se o fogo é necessário para determinada situação, ele o cospe. Pode enxergar claramente o que a situação exige e reage de acordo com ela.

O ato de utilizar os elementos em concordância com as situações não deve virar lenda. Nós também podemos enxergar as coisas com clareza e agir de acordo com elas, assim como o dragão. Quando estamos em uma reunião e nossos colegas de trabalho passam a imaginar diversas possibilidades para determinado assunto, a maneira de incorporar o dragão é conscientizá-los e trazê-los de volta à terra, posicionando-os na realidade do tópico em questão.

Se o seu parceiro está perdido e preocupado com determinado assunto, talvez o melhor que você possa fazer por ele seja levá-lo para caminhar. Assim, ele poderá parar de olhar para seu próprio umbigo e experimentar a sensação do espaço e do céu ao seu redor. Ele terá a chance de elevar o olhar e respirar o ar fresco, o que irá ajudá-lo a sair desse estado confuso.

Se, ao chegar à casa dos seus amigos, perceber que eles estão brigando, você não deve sentar e tentar resolver as diferenças entre eles. Uma maneira de incorporar o dragão é enxergar a atmosfera fria que foi gerada e produzir calor. Você não precisa cuspir fogo, mas pode oferecer apoio e calor preparando um chá ou contando a eles uma boa piada.

Você mesmo pode se sentir em meio ao fogo às vezes. Talvez você já tenha se envolvido em uma relação amorosa intensa em que esteve ardentemente apaixonado, mas agora você está sozinho no seu apartamento. O caminho do dragão é bastante simples nesse caso: tome um banho gelado. Durante o dia, você encontrará muitas oportunidades para utilizar esses elementos de maneiras simples que permitam criar espaço e apreciar todos à sua volta.

Os quatro *karmas*

O fato de nunca termos visto um dragão pessoalmente não significa que devemos considerá-lo algo metafórico. O dragão é incrivelmente prático porque enxerga as situações com clareza. Ele desenvolveu um conceito maduro sobre a *prajna* e sabe que, em certos casos, terá de ser diplomático e pacífico. Em outros, terá de utilizar a sua visão ou opinião para engrandecer uma conversa ou ainda decidirá por atrair novos fatores para resolver determinada circunstância. Quando necessário, o dragão também pode agir com rigidez e de maneira destrutiva, mas com o intuito de beneficiar as outras pessoas.

As quatro maneiras de lidar com as situações – pacificidade, engrandecimento, atração ou destruição – são conhecidas com os quatro *karmas*. Esses *karmas* não significam "o que vai, volta" ou, no sentido mais amplo, os méritos (ou a ausência deles) das nossas ações que afetarão nossas vidas no futuro. A tradução mais simples para a palavra é "ação". Os quatro *karmas* são os quatro tipos de atitude que podemos ter, e cada uma produzirá um resultado específico. Algumas atitudes podem nos parecer mais amigáveis que outras, por isso é importante cultivar as características do dragão para que possamos avaliar a situação de maneira correta.

Diante de um obstáculo, o dragão reage de acordo com a necessidade, utilizando um dos quatro *karmas*. O dragão não se baseia em como "eu" acho que as coisas deveriam ser e, por isso, ele pode enxergar a necessidade das outras pessoas. Às vezes, esse nível de atitude compassiva soa positivo, como quando nós elogiamos alguém pelo bom resultado do seu trabalho. Outras vezes, pode soar de forma negativa, como quando aconselhamos alguém a abandonar o seu parceiro agressivo; ambas as situações representam uma atitude compassiva.

Assim como o dragão, quando você para de pensar apenas em si mesmo e no seu ponto de vista, as coisas se tornam mais claras. Você enxerga as necessidades mesmo quando as outras pessoas ainda não chegaram à mesma conclusão.

Pense na última vez em que alguém lhe deu uma notícia chocante. Como você reagiu? Começou a manifestar a sua opinião imediatamente? Sugeriu diferentes maneiras de lidar com aquilo? Reserve um tempo e reflita sobre como você lidou com aquela notícia.

Agora, pense como teria sido se, ao receber a notícia, você tivesse apenas tranquilizado a sua mente, relaxado e deixado o fato um pouco de lado. Talvez, se tivesse respirado antes de reagir, você pudesse ter refletido sobre a situação antes de chegar a qualquer conclusão. Poderia, ainda, ter se distanciado e permitido o desenrolar da situação até o momento certo de reagir ou se envolver. Em vez de tentar interferir na situação de alguma forma, você poderia ter se tranquilizado, aguardando o momento apropriado para reagir. Tudo isso soa um pouco melhor do que você normalmente faria, não é mesmo?

O dragão se tranquiliza em seu espaço, até o momento em que a reação se faz necessária. Ele sabe que em muitos casos o melhor é não fazer nada. O dragão está disposto a oferecer todo o tempo precioso que as situações requerem permitindo que elas trabalhem por si. Ele age apenas quando há necessidade real. Por isso, é considerado impenetrável.

O DRAGÃO IMPENETRÁVEL

Às vezes, quando estou com Sakyong Mipham Rinpoche, eu o vejo como um dragão impenetrável. As pessoas o procuram para conversar e falar sobre coisas triviais, tais como quem está namorando quem, ou como certas pessoas agem de maneira antibudista etc. Percebo que, tanto diante das minhas preocupações mesquinhas como das reclamações que as pessoas fazem, ele nunca confirma ou nega o que está acontecendo. Ele não vai, por exemplo, levar em consideração certo ponto e dizer: "Ela é uma pessoa boa demais para aquele sujeito" ou "Por que você está reclamando daquela pessoa na *sangha* se você também é um idiota?". Sakyong tem a habilidade de agir de maneira tal que se torna um espelho para as pessoas de uma forma imperceptível. Ele apenas se mantém aberto.

Dentro desse espaço, as emoções mesquinhas das pessoas naturalmente se dissolvem. Quando isso acontece com a frequência necessária, as pessoas se tornam capazes de enxergar o quanto estão agindo de maneira estúpida. A presença de Sakyong nessas situações é difícil de descrever ou categorizar; ele é impenetrável.

"Impenetrável" é a tradução de Chögyam Trungpa Rinpoche para o termo tibetano *spyang grung*. De modo geral, é a combinação de duas palavras: a original, "inteligente", e o significado posterior, "sábio". Essa sabedoria inteligente não consiste apenas em conhecer todos os fatos, mas sim na ideia de que você pode incorporar a sabedoria e, a partir desse ponto, utilizar a inteligência para usufruir dela.

Há algo divertido na característica das pessoas impenetráveis. Às vezes, quando pergunto algo a Sakyong Mipham Rinpoche e ele não responde diretamente, ou então começa um assunto completamente diferente, eu me pergunto: "Ele está querendo me confundir?". É possível que ele esteja agindo como um espelho ao me responder de maneira evasiva e permitir que eu encontre a minha própria sabedoria. Ainda existe a possibilidade de ele estar apenas brincando. Mais do que nunca, creio que ele esteja agindo das duas formas.

Há confiança e tranquilidade no guerreiro que incorpora as qualidades do dragão. Observar alguém que incorpora o dragão impenetrável é como assistir a uma bailarina muito bem treinada. A bailarina tem uma força extrema. Ela treinou todos os movimentos que poderia executar e dança com perfeição. Porém, o poder dessa bailarina vem do fato de ela permitir que a dança flua naturalmente e não se preocupar em seguir todos os passos com rigor. Ela apenas dança. Os elementos da confiança e da espontaneidade estão presentes em sua arte. Da mesma forma, quando incorporamos as qualidades do dragão, paramos de nos preocupar em sermos bons budistas e nos tornamos unicamente verdadeiros humanos.

As qualidades do dragão

Senso de humor e alegria

Diante de situações que consideramos problemas aparentemente insuperáveis, como as guerras ou a corrupção dos políticos, o dragão mantém uma agradável sensação de alegria. Ele sabe que tudo é impermanente e que todos os problemas são muito mais flexíveis do que consideramos inicialmente. Assim, ele encara essas grandes questões com senso de humor. Isso não significa contar uma piada para desviar o pensamento das pessoas, e sim ter a habilidade de alegrar-se mesmo em meio a situações muito difíceis.

Mesmo diante dos obstáculos do dia a dia, tais como o excesso de trabalho ou não poder assistir ao filme que você quer, o dragão encontra motivo para se alegrar. Ele mantém a sensação agradável de abertura e se encoraja porque crê que mesmo situações frustrantes podem se tornar uma oportunidade para a virtude e a felicidade. Tal postura está além de sorrir diante de situações difíceis porque você quer ser um bom budista. De qualquer maneira, atingir esse objetivo não é algo possível, visto que a palavra "bom" é bastante subjetiva. O dragão está além do conceito de bom e mau, e ele sabe que aquilo que não o mata o tornará mais forte. Ele atravessa as adversidades com um sorriso no rosto porque sabe que somente por meio de tais experiências será capaz de se tornar forte e relaxado ao mesmo tempo.

Nós também podemos encarar a nossa vida de maneira alegre, nos tranquilizando diante do fato de que mesmo as situações mais difíceis também são impermanentes. Às vezes, quando nos prendemos demais ao sofrimento do mundo, o senso de humor se faz necessário. Sentimo-nos estimulados pela flexibilidade do mundo à nossa volta e esse conhecimento nos permite encarar qualquer tempestade e manter uma atitude digna em todas as situações.

Presença autêntica

O dragão é sempre autêntico. Mesmo ao aplicar os quatro *karmas*, ele continua sendo autêntico. Ele jamais vai mentir. Se você estiver chorando porque foi rejeitado, o dragão lhe trará o consolo, mas não dirá aquelas pequenas mentiras que você quer ouvir sobre a sua ex. Se você está agindo como um tolo e está causando confusão para si mesmo e para os outros, ele apontará as suas falhas de uma maneira muito sincera.

Por mais frustrante que possa parecer em determinadas situações, o dragão tem o compromisso de ser autêntico da maneira mais compassiva possível. É muito raro encontrar alguém que seja verdadeiramente autêntico conosco. Quando você é apresentado a alguém, a maioria das pessoas não olha nos seus olhos e fala sobre assuntos gerais. "O que você faz?", ela pergunta, ou "Como você conheceu o fulano, que nos apresentou?". A partir disso, vocês podem conversar normalmente sobre qualquer assunto e, se vocês se sentirem entediados, podem falar sobre vídeos engraçados que já assistiram na internet.

Porém, raramente você encontra alguém que, sem necessariamente ser dramático, dirá o que tem em mente. Esse alguém lhe dirá com sinceridade quem é e lhe fará perguntas sobre as coisas de que você gosta. Essa pessoa está mais interessada em conhecer você do que em convencê-lo a gostar dela.

O dragão é essa pessoa em uma festa. Ele não precisa que você goste dele, mas você acaba por gostar por conta da sua sinceridade. Como o dragão não está preocupado com a maneira como é visto, ele se sente livre para interagir com os demais sem o incômodo das incertezas. Ele manifesta a bondade fundamental e as pessoas se sentem atraídas por sua presença autêntica.

Da mesma forma que o dragão, também podemos manifestar a nossa presença autêntica. Assim, viveremos de uma maneira muito sincera. Não precisamos contar pequenas mentiras ou convencer as pessoas do nosso ponto de vista. Podemos manifestar quem somos, o que se torna um presente para nós mesmos e para todos a nosso redor.

Atraindo o mundo

Além de atrair as outras pessoas como um ímã, o dragão também atrai todos os aspectos sagrados do mundo. Na cultura oriental, dragões são conhecidos por possuírem certa fórmula mágica que os ligam aos elementos. Acreditando ou não em mágica, podemos repousar nos intervalos da nossa vida e experimentar o espaço. Dentro desse espaço, podemos começar a interagir com o mundo à nossa volta e observá-lo como algo sagrado.

Se você viver em sua sabedoria inata com a mesma confiança do dragão, vai perceber que as coisas acontecem naturalmente. Por muito tempo, pensamos que, se guardássemos o nosso coração e pensássemos somente em nos proteger, teríamos sucesso na vida. Porém, esse método no trouxe apenas tristeza e frustração.

Assim, podemos estar abertos continuamente às possibilidades que a vida nos apresenta. Quando estamos abertos às possibilidades, a vida nos traz o que precisamos naturalmente. No momento em que o nosso coração está verdadeiramente aberto até o ponto em que podemos ver o sofrimento do mundo a nosso redor, somos capazes de absorver tudo o que nos foi ensinado. Podemos expressar todo o nosso equilíbrio e a nossa compaixão, bem como lidar com as adversidades e os aspectos desconfortáveis da vida.

Se acreditarmos de forma verdadeira que somos essencialmente bons, o próximo passo é enxergar a bondade nos demais. A partir disso, veremos que o mundo inteiro é basicamente sagrado. Todos à nossa volta possuem a bondade fundamental. Mesmo quando os nossos vizinhos ou colegas de trabalho se distanciam desse princípio e agem fora de sua razão, o mundo à nossa volta ainda é bom e magnífico.

O dragão não confia apenas em si mesmo e em sua bondade fundamental, mas confia também na sacralidade do mundo à sua volta. Ele crê que o mundo oferecerá tudo o que ele precisa para crescer espiritualmente. Quando o dragão está verdadeiramente conectado ao seu mundo, ele enxerga as coisas mais básicas como sagradas: uma mãe e sua filha indo para escola juntas, de mãos dadas, de maneira que a mãe caminha com o corpo um pouco inclinado para conseguir segurar a mão da filha. Ele vê uma aranha construindo cuidadosamente sua teia no canto da parede do restaurante. Percebe um casal, e um se apoia no outro durante uma longa viagem de trem.

Se você deseja ser verdadeiramente feliz, deve seguir o caminho do dragão. Deve confiar na sua sabedoria inata e permitir que ela o guie com destreza. Essa sabedoria é o que permite ao dragão enxergar claramente o seu mundo. Desse ponto de vista privilegiado, o dragão é capaz de relaxar diante de qualquer situação que precise enfrentar. Ele é capaz de ver a magia até mesmo nas situações mais simples.

Todos nós podemos viver como o dragão. É possível tocar o nosso coração aberto e expressar a nossa alegria e o nosso humor em vez de ficarmos presos às dificuldades da vida. É possível ser autêntico com qualquer pessoa ou em qualquer ação que executamos. Não devemos esconder quem somos. Quando atingimos esse nível de abertura, sentimos o quanto o nosso mundo é sagrado.

22. Pratique a Milarepa

Alguém que sabe que tudo é a mente
é capaz de utilizar como recurso qualquer coisa que lhe apareça.
Milarepa

Há uma piada budista bem antiga: Dalai Lama aborda um vendedor de cachorro-quente. O vendedor pergunta: "O que vai querer?", e ele responde: "Quero um completo".

O interessante dessa piada é que Dalai Lama compra um cachorro-quente e entrega ao vendedor uma nota de dez dólares. Após alguns minutos, Dalai Lama pergunta impacientemente por seu troco: "Onde está o resto do valor?". Então, o vendedor responde: "Amigo, o verdadeiro valor vem de dentro".[5]

O valor ao qual o vendedor se refere é a mudança. A essa altura do caminho, você deve estar esperando pela mudança, tanto interna quanto externa. Talvez você queira ser uma pessoa mais calma, mais centrada e mais presente em sua vida. Ao mesmo tempo, o mundo à nossa volta está repleto de caos e você muito provavelmente precisa de ajuda. Você já deve ter notado algumas mudanças no nível interno, mas a ideia de mudança em grande escala pode parecer impossível quando tudo o que você está fazendo é meditar e viver a sua vida da melhor forma possível.

---

[5] A graça da piada vem do duplo significado da palavra "change", que é *troco* ou *mudança*, em inglês. (N.T.)

A página inicial do meu navegador é a CNN.com. Eu a abri hoje e vi histórias sobre governos estrangeiros sendo derrubados, crueldade contra animais, o assassinato de uma criança e uma manchete que simplesmente dizia: "Mulher é chutada, humilhada e sequestrada". Quando nos deparamos com tamanho sofrimento, podemos nos sentir impotentes. Nesse momento, a pergunta que surge é: "O que podemos fazer por um mundo tão cheio de sofrimento?".

No meu pensamento, temos duas maneiras de levar a vida. Podemos ceder à incerteza do mundo que nos rodeia. Você pode permitir que o sofrimento permeie cada célula de seu corpo até que fique igual a Debbie Downer, personagem do seriado *Saturday Night Live,* que sempre transforma qualquer notícia em um pretexto para falar sobre como o mundo é terrível. Esse caminho consiste em permitir que a incerteza do mundo penetre a nossa existência e, ao final do dia, não temos certeza da nossa bondade, mas sim de que todos são essencialmente maus.

A segunda opção é ter convicção da sua bondade fundamental e da bondade dos demais. Você pode escolher não acreditar que todas as pessoas são essencialmente más.

Porém, se escolhermos a segunda opção, temos de ser práticos. Precisamos perceber que o mundo não vai se tornar bom só porque você assim decidiu. Não é como eleger um novo presidente, adotar uma nova religião, ou inventar uma nova moeda e, de repente, os problemas do mundo desaparecem. São necessárias pessoas, como eu e você, trabalhando para se tornarem mais gentis e amáveis para construir a mudança positiva no mundo. Podemos ter grandes líderes em todos os países, uma religião maravilhosa que todos sigam, comida suficiente para todos, moradia e empregos, mas, se as pessoas continuarem olhando apenas para si mesmas, prosseguiremos em dificuldade.

Quando estamos diante dos problemas do mundo, podemos nos fechar e nos tornar rudes. Podemos criticar as pessoas e balançar a nossa cabeça diante das notícias. Mas é possível desenvolver um senso de alegria em meio a esses grandes obstáculos. Se o vendedor de cachorro-quente está certo e o verdadeiro valor – a mudança – vem de dentro, então ela deve estar baseada no mesmo nível de humor que abre este capítulo.

O dragão sabe que o mundo está em fluxo constante; então, quando o obstáculo aparece, ele sorri diante do absurdo: "Você, desemprego desenfreado, *você* pensa que pode atormentar o espírito humano?". O dragão sabe que os obstáculos são tão sérios quanto a mente permite que eles sejam. Ele crê que as pessoas são naturalmente sábias e se alegra diante disso, em vez de ficar desanimado porque elas estão confusas e incapazes de expressar a sua sabedoria.

Se você observar a tradição *Kagyu* do budismo tibetano, encontrará uma longa lista de mestres da meditação. Essas pessoas eram como eu e você: em algum momento de suas vidas, estavam confusas e, em outros, causaram danos a outras pessoas. Porém, em algum momento no meio do caminho, elas encontraram os ensinamentos *Vajrayana* e transformaram suas falhas em combustível para uma vida cheia de positividade e mudança. Eles aprenderam a observar o sofrimento presente no mundo e abordá-lo com alegria e humor.

Milarepa é uma das pessoas que contribuíram para o caos e a destruição no mundo, mas, hoje em dia, é considerado uma das pessoas mais iluminadas no Tibet. Nascido no início do século XI, ele passou boa parte da sua infância oprimido pelo sofrimento que se estendeu durante a sua juventude. Como consequência, ele arruinou a vida de muitas pessoas antes de encontrar os ensinamentos budistas.

As dificuldades de Milarepa começaram quando, na infância, ele perdeu o pai. Seu tio e sua tia eram pessoas mesquinhas que não cumpriram os últimos desejos do pai dele em seu leito de morte e ficaram com toda a fortuna da família. A mãe de Milarepa decidiu que, para se vingar da sua família, ele deveria aprender magia negra. Então ele treinou a arte das trevas, invocou uma tempestade de granizo e atacou seus tios durante um grande ritual, matando dúzias de pessoas. Os moradores locais tomaram conhecimento de que Milarepa estava por trás dos ataques e começaram a procurá-lo. Ele reagiu com outra tempestade de granizo, destruindo as plantações e deixando a aldeia na fome e na miséria.

Enquanto se escondia dos moradores consternados, Milarepa tomou consciência da destruição que havia causado. Ele repensou e se arrependeu de todos os seus atos. Quando ouviu sobre o grande mestre Marpa, Milarepa foi dominado mais uma vez, mas agora por felicidade. Saiu para encontrar Marpa com o intuito de seguir um caminho no qual pudesse lhe ensinar como reparar todos os danos causados.

Porém, Marpa não permitiu apenas que Milarepa esquecesse todos os pecados do seu passado. Marpa se negou a transmitir os ensinamentos a ele e disse que Milarepa teria que trabalhar arduamente os ensinamentos às custas de grande empenho físico. Marpa pediu a Milarepa que construísse uma grande torre. Milarepa trabalhou arduamente por meses, carregando grandes pedras nas costas. Quando a tarefa foi cumprida, Marpa fingiu que havia algo de errado com a construção, obrigando Milarepa a derrubar a estrutura inteira.

Então, Marpa pediu a ele que reconstruísse tudo. Isso aconteceu milhares de vezes, e Marpa sempre pedia a Milarepa que reerguesse a torre de uma maneira diferente ou em uma localização diferente. Muitos anos se passaram e Milarepa continuou pagando por suas faltas graves.

Por fim, Marpa mostrou, com todo esse processo, que Milarepa estava purificado dos seus pecados do passado e que estava finalmente pronto para seguir um caminho espiritual com seriedade. Você pode imaginar como Milarepa estava pronto para começar sua prática depois de esperar tantos anos pela meditação. Milarepa estudou com Marpa e, depois, passou muitos anos mais meditando por conta própria em cavernas. Por conta do seu arrependimento sincero, ele renunciou às distrações e progrediu no caminho espiritual muito rapidamente.

A experiência de meditação de Milarepa funcionou como um carrinho de fricção: todas as vezes que ele construía a torre, era como puxar o carrinho para trás e deixar as rodas friccionadas. Quando Marpa o instruiu sobre o caminho da meditação, foi como soltar o carrinho, deixando-o livre, e observá-lo disparar em alta velocidade.

Depois de algum tempo meditando por contra própria, Milarepa atingiu o verdadeiro despertar. Ele se livrou da culpa e do ódio que havia acumulado e foi capaz de manifestar a sua sabedoria inata. Milarepa voltou à antiga vila onde havia crescido, onde também foi traído por conta de sua herança e onde tinha causado grande estrago.

Sem anunciar a sua presença, começou a transmitir pequenos conselhos para aqueles que encontrava na periferia da cidade. Certa vez, a tia que havia traído a família de Milarepa o abordou, pedindo perdão. Em troca, recebeu ensinamentos sobre como poderia se tornar uma pessoa melhor. Com o passar do tempo, histórias sobre os seus grandes ensinamentos levaram muitos seguidores devotos a renunciarem às suas próprias confusões e a praticarem a meditação.

Milarepa viveu até os 84 anos e, durante a sua vida, ensinou a muitas pessoas a simples verdade de como viver de maneira equilibrada e digna. Muitos dos seus discípulos, tanto homens como mulheres, atingiram a realização e continuaram a ajudar outras pessoas.

Ainda hoje, podemos ouvir a história de Milarepa e observar que, apesar de ter causado grandes danos, ele se arrependeu e se tornou o porta-voz da segunda chance. Ele inspirou muitas pessoas a renunciarem às suas dores e dúvidas e a praticarem o bem aos outros. Apesar do seu passado terrível, Milarepa muitas vezes é retratado com um leve sorriso no rosto. Ele vivenciou muitas das grandes dores, mas percebeu que muitas das suas reações ao sofrimento estavam em sua mente. Dessa forma, pôde usufruir deste conhecimento para enxergar as grandes dores do mundo como um recurso para a sua própria prática de meditação.

Você pode seguir os passos de Milarepa. Independentemente dos diversos erros que cometeu em sua vida ou da dor que carrega atualmente, você pode sorrir. É possível renunciar aos aspectos da vida que continuam depreciando você ou fazendo com que se sinta infeliz. Ao aplicar a técnica básica da meditação, você pode direcionar a sua mente para a realidade da situação e enxergar até mesmo os aspectos mais dolorosos como oportunidades para manter o coração aberto.

Esse é o nível de abertura de espaço onde o dragão atua. Se você deseja segui-lo, precisa praticar a meditação com dedicação. O dragão se empenha na prática da sintonia com a beleza dos momentos cotidianos, mesmo quando há dor em seu coração.

Você também pode experimentar a alegria em um mundo sagrado ao mesmo tempo em que tem consciência de que a dor está presente nele. As pessoas sofrem em todos os lugares do mundo, mas você pode se alegrar ao observar as crianças brincando em um playground logo ali, à sua frente. Se você for capaz de se conectar a essas simples alegrias, poderá lidar com grandes dificuldades, tais como a pobreza e a guerra, de maneira menos exaustiva.

Há muita confusão no mundo. Não podemos ser ingênuos e pensar que, ao observar uma criança brincando, começaremos uma grande revolução cultural. Porém, se apreciarmos verdadeiramente a simplicidade e a perfeição do agora, deste exato momento, então estaremos usufruindo da nossa bondade fundamental. A partir disso, podemos dividir o nosso coração de maneira mais ampla com quem encontrarmos. Se pudermos demonstrar um pouco mais de sorrisos como os de Milarepa, criaremos mais abertura e mais espaço no mundo. As outras pessoas serão contagiadas pelo "vírus" da gentileza e o passarão adiante, até que os ramos se tornem inúmeros e enormes.

Nos últimos tempos, parece que todo cantor novo de rap deseja criar uma música sobre um passo de dança que ele inventou. Pode ser ensinar alguém como dançar *Dougie* ou como fazer o passo do filme *Um morto muito louco*, o fato é que há algo muito atraente nisso que faz com que as pessoas correspondam a essas músicas que se espalham como fogo.

Às vezes, quando saio sábado à noite, uma dessas músicas começa a tocar e as pessoas ficam muito animadas. Pessoas que nunca se olharam têm cinco minutos para dançarem juntas e sorrirem diante do seu companheiro de dança. Embora eu não goste muito da mensagem que essas músicas transmitem, sinto a alegria imediata na pista de dança quando todos começam a dançar juntos.

Esse movimento contagiante não deve se limitar aos cantores de rap. Como praticantes da meditação, podemos criar a nossa própria dança, que combine com esses ensinamentos. É a dança do mundo fenomenal. Seguem as instruções para criarmos uma nova dança contagiante, a Milarepa:

Pense na dor ou confusão. Pode ser a dor que você causou ou a dor que você vivenciou por conta do estado confuso de outra pessoa. Não é necessário se concentrar no pior momento da sua vida, mas reconheça qualquer sofrimento que você esteja carregando neste exato momento.

Faça algo bom pelas outras pessoas. Você pode ter a sua versão de construtor de torres. Pegue um lixo que estiver no meio da rua ou permita que alguém muito apressado atrás de você na fila passe à sua frente. Comece alguma atividade que lhe permita se livrar do pensamento da sua própria dor e confusão e concentre-se no aperfeiçoamento das pessoas.

Tranquilize a sua mente. Permita-se relaxar por um momento e aprecie a beleza desse instante. Relaxe diante de qualquer sentimento de perdão a si mesmo ou aos outros que possa surgir.

Sorria. Essa é a parte crítica da dança – permitir que a sua bondade fundamental irradie e toque as outras pessoas. Observe por quanto tempo consegue manter esse sorriso. Permita que o mundo o veja.

Quando você estiver perdido em seu próprio mundo, ou impressionado com o sofrimento à sua volta, pratique a Milarepa. Essa simples sequência de movimentos permite que você pare de se concentrar em sua própria dor e esteja a serviço das outras pessoas. Você está direcionando a sua mente para o aperfeiçoamento das outras pessoas e, por meio disso, consegue entrar em contato com a sua bondade fundamental. Uma vez que entrou em contato novamente com a sua sabedoria, é possível irradiá-la e fazer ainda mais o bem a todos a seu redor.

Não creio que seja ingenuidade acreditar que, se a maioria das pessoas de um país praticar a Milarepa de maneira regular, uma mudança verdadeira aconteceria no mundo todo. Este mundo é flexível; questões internacionais podem ser demoradas e difíceis de serem resolvidas, mas elas estão sujeitas à impermanência, da mesma forma que o seu dispositivo eletrônico ou a sua avó.

Como o mundo é extremamente flexível, podemos relaxar e tentar viver da melhor forma possível. Isso não é um aval para você dançar e beber todos os dias da sua vida, mas sim para considerar todos os aspectos das suas ações como parte do seu caminho. Se o seu caminho está tocando a sua bondade inata e permite que você a expresse livremente, você pode estar dançando ou bebendo, mas sempre estará seguindo um caminho que beneficia o mundo à sua volta.

Podemos estudar muito as questões do mundo e a meditação e acumular muito conhecimento. Há um ditado famoso que diz "Conhecimento é poder". Porém, o verdadeiro poder depende de um tipo de conhecimento muito particular – saber como ajudar as outras pessoas. O caminho para o verdadeiro poder está fundamentado em saber expor a compaixão. A compaixão pode nos levar à sabedoria do coração aberto.

Quando você pratica a Milarepa, expressa o seu humor autêntico e se alegra diante do mundo, revigora a si mesmo e inspira as outras pessoas. Essa é a atividade compassiva. Você pode dividir o seu contentamento com qualquer pessoa que encontrar. Eles se sentirão inspirados a entrar em contato com seus próprios corações e a dividir o seu brilho autêntico com as pessoas que encontrarem. Se você utiliza todos os aspectos da sua vida – tanto os dolorosos quanto os agradáveis – como recursos para oferecer o humor e a alegria, está seguindo a trilha do dragão e fazendo a verdadeira diferença neste mundo.

23. Una o coração e a mente de forma autêntica

Recentemente, assisti a um vídeo engraçado no YouTube, no qual um amável texugo está correndo por um lugar e fazendo coisas próprias da sua natureza. Como vemos frequentemente nos programas sobre animais, ele aparece caçando a sua presa, dormindo e subindo montanhas. No áudio, uma pessoa comenta suas atividades.

A parte engraçada acontece quando Randall, o homem que está relatando a rotina do texugo, demonstra surpresa diante da ousadia e da ausência de medo do texugo: "O amável texugo não dá a mínima! Ele não está nem um pouco preocupado!". Randall torna o texugo um exemplo de autoconfiança e talento.

Embora esse adorável animal possa não ter o mesmo nível de inteligência que um mestre guerreiro, ele possui a qualidade do mestre ao ser quem ele é sem nenhum constrangimento. Todos nós podemos nos inspirar nesse exemplo de despreocupação. Mesmo quando o texugo tem um rato pendurado na boca, ele se sente confortável com quem ele é. Da mesma maneira, com esse nível de confiança em sua própria natureza, um mestre guerreiro pode se empenhar em qualquer atividade, seja um trabalho de difícil realização ou o primeiro encontro amoroso.

A presença autêntica

A chave para expor essa legítima despreocupação é expressar a sua bondade fundamental. Quando você está completamente conectado ao seu valor e potencial íntimo, você manifesta o que a Shambhala chama de "presença autêntica". Esta é a expressão que Chögyam Trungpa Rinpoche utilizou para traduzir o termo tradicional tibetano *wangthang*. Essa palavra pode ser traduzida por "campo de poder". É o conceito de que, quando você está inserido em uma vida de virtude e gentileza, naturalmente se manifesta como alguém virtuoso e gentil.

No mundo atual, se você vive de maneira autêntica, se torna um peixe fora d'água. Considerando a grande quantidade de pessoas que está interessada exclusivamente em seus próprios interesses, elas irão sugar a sua energia caso você esteja seguindo o lado oposto ao delas. Essas pessoas provavelmente não perceberão a sua atitude de segurar a porta para aquele grupo de senhoras que vão entrar na loja, mas isso deixa um pequeno sinal de confiança na bondade da sua própria existência. Este sinal é mais marcante do que qualquer colônia ou perfume que você possa usar. É o *odeur de sagesse,* ou a "essência da sabedoria". É invisível aos olhos, mas perceptível para qualquer um que esteja observando o mundo com a mente aberta.

Wangthang é um termo interessante. Significa que, quando você manifesta a sua própria bondade, está literalmente exibindo um campo de poder. Como falamos no último capítulo, o verdadeiro poder vem do desejo de seguir além das suas próprias limitações e vontades e estar disposto a ajudar o mundo ao seu redor. Este campo de poder se manifesta quando você está verdadeiramente comprometido com esse nível de virtude. Trata-se de um poder indestrutível, o tipo de poder que ninguém pode tirar de você.

De certa forma, você pode manifestar essa presença autêntica apenas sendo uma boa pessoa. Isso é algo absolutamente maravilhoso. Você pode ajudar quem mora na rua ou adotar um animal abandonado. Esse é o reino da ação virtuosa onde o leão da neve vive e produz *bodhichitta*, um coração aberto. Sentimos a alegria do leão da neve quando nos esforçamos para fazer o bem aos outros.

Porém, há uma diferença entre a alegria do leão e a alegria do dragão. Ao seguirmos o caminho do dragão, a nossa atitude está livre do conceito ambíguo do "eu" que está ajudando o "outro". A presença autêntica do leão deve-se à percepção de que ambos, o "eu" e o mundo, são totalmente flexíveis, não são concretos e fixos como antes acreditávamos.

A presença autêntica do dragão é guiada pelo conhecimento de que ele não espera nada em troca de suas boas ações. Ele se livrou do apego ao seu conforto pessoal e de suas opiniões fixas e ajuda o mundo da maneira necessária. O dragão faz isso não porque se sente bem consigo mesmo ou porque quer se desenvolver espiritualmente, mas porque faz o necessário a partir do momento em que enxerga o mundo à sua volta. Ele se sente estável no momento presente e tem bondade para oferecer. Ao mesmo tempo, permanece tranquilo e confiante, pois sabe que pode alcançar todos os seus objetivos.

O ato de desenvolver a presença autêntica está baseado no conceito *jnana* – a sabedoria de conseguir enxergar a realidade como de fato ela é. *Jnana* é uma palavra do sânscrito que indica o despertar puro do mundo, livre de conceitos preestabelecidos. É ver as coisas claramente, da maneira como elas são. Quando você estabelece a base da sua percepção na *jnana*, pode naturalmente unir a sua sabedoria e o seu coração ou o seu intelecto e a sua intuição.

Quando pensamos em pessoas verdadeiramente autênticas, observamos que elas são altruístas. Ao conversar com elas, percebemos que elas nos ouvem com atenção, sem pensar em como responder da melhor maneira ou como reagiriam se estivessem em nosso lugar. Elas desejam dividir o próprio coração e a própria mente conosco sem necessariamente nos julgar. Uma pessoa autêntica de verdade é capaz de unir o seu coração e a sua mente, constituindo algo único. Além disso, ela é capaz de permanecer totalmente presente.

Exercício para abrir a mente e o coração

Como um exercício, podemos explorar a nossa relação com o coração e com a mente e observar a melhor maneira de uni-los. Sugiro que você inicie esse exercício com a meditação, pois assim poderá se firmar na fortaleza do dragão e permanecer presente por meio do simples ato da respiração.

Após cinco minutos de meditação *shamatha*, faça uma breve prática de bondade amorosa, como descrevemos nas páginas 133 a 136, na seção sobre o leão da neve. Volte a essas instruções para rever a prática, se necessário. Comece desejando a felicidade a você antes de imaginar coisas boas para aqueles que você ama. Em seguida, envie suas intenções para um amigo ou companheiro. O próximo passo é desejar a felicidade para alguém por quem você não possui sentimento algum – aquela pessoa que não chama a sua atenção e por quem você não tem nada contra. Depois, siga o ritmo e lhe deseje a felicidade.

Ao conectar-se com essas pessoas, elimine as barreiras entre vocês, assim como você já fez antes. Deseje a elas a felicidade verdadeira. Termine emitindo essa energia, livrando-se de todas as opiniões sobre elas, e permita que o amor flua. Reserve dez minutos para essa prática de bondade amorosa.

Ao término do exercício, não retorne imediatamente à *shamatha*. Eleve o seu olhar ao horizonte. Mantenha os olhos abertos e a visão relaxada, sem nenhum foco específico. Relaxe a mente e deixe de lado toda a técnica de meditação. Você continuará respirando naturalmente, mesmo que não esteja focado na respiração. Apenas permita que a sua mente se tranquilize.

Após alguns minutos relaxando a mente, volte à prática da *shamatha*, firmando-se novamente no nível da estabilidade.

Ao concluir a sua sessão de meditação, pense em como foi a experiência. Você sentiu como se tocasse o seu coração e o expusesse de maneira vulnerável? Investigue bastante e observe como se sentiu: foi uma experiência confortável? Você teve alguma reação física?

Em seguida, direcione a sua mente investigativa para a maneira como ela estava e apenas relaxe, sem qualquer tipo de técnica meditativa. Foi desconfortável liberar-se nessa prática? Você se sentiu confortável mantendo os olhos naquele nível?

Durante esse processo, evite qualquer julgamento e não se apegue a um sentimento de realização. Apenas observe como você reagiu ao trabalhar inicialmente com o seu coração e, em seguida, com a sua mente. Após uma análise completa dessa experiência, tente identificar os aspectos que o fizeram sentir a mente advertindo-o para compartilhar o seu coração, ou o contrário: o seu coração guiou a sua mente para relaxar verdadeiramente.

Permanecendo autêntico no caos

Quanto mais estudamos como abrir o nosso coração e relaxar a nossa mente, mais podemos manifestar a presença autêntica durante o nosso dia. Mesmo que você pense que não tem muito tempo para a prática, pode aproveitar breves momentos durante o seu dia para se conectar com a sua mente relaxada.

Quando você está esperando por alguém em um restaurante ou sentado calmamente durante uma viagem de trem, não se distraia mexendo no celular ou lendo um livro. Apenas eleve o seu olhar e tranquilize a mente. Se estiver muito distraído, pode voltar a atenção para a sua respiração, permitindo que ela o traga para o momento presente. Porém, aproveite qualquer espaço de tempo que você tenha para se conectar com a sua mente tranquila e seu coração aberto. Em determinado momento, esse nível de sincronia entre coração e mente simplesmente se torna parte do que você é.

Se você for capaz de cultivar a presença autêntica, poderá brilhar mesmo diante dos obstáculos. Meu amigo Jeff, por exemplo, pratica a meditação e é ilusionista há muito tempo. Embora ele seja um artista muito talentoso, ainda não está nadando em dinheiro. Às vezes, Jeff trabalha em bares movimentados, casas noturnas e outros lugares onde o sexo e o álcool estão regularmente presentes.

Certa vez, Jeff me contou sobre uma experiência que teve trabalhando em um clube no centro de Nova York. Esse bar a que ele se referiu possui dois mundos. Um deles é um teatro de alto padrão, onde as bebidas são caras, o público é muito bem vestido e tem ótima aparência. O outro mundo está por trás das cortinas, onde os artistas fazem uso de drogas entre uma apresentação e outra ou dormem um pouco para conseguir prosseguir com os seus números.

Jeff me contou que foi muito difícil trabalhar naquele ambiente, pois grande parte dos artistas e companheiros de trabalho passava por dificuldades para se manterem equilibrados e saudáveis. Ele trabalhou por um curto período naquele clube, mas, durante esse tempo, parecia mais feliz e fez muitas amizades.

Percebi algo sobre Jeff: aonde quer que ele vá, interage com as pessoas muito facilmente. Ele não procura amizades e tampouco investe em conversas fiadas, mas sempre está autenticamente procurando conhecer as pessoas. Jeff se sente confortável com quem ele é e as pessoas se sentem atraídas por isso. Além disso, como um praticante de meditação, ele sabe que a atitude virtuosa traz satisfação para ele, bem como para os demais, e continua tentando ser prestativo aonde quer que vá. O resultado final de tudo isso é que Jeff exala uma presença autêntica.

Meu amigo é capaz de lidar com esses ambientes intensos porque consegue expressar a sua bondade fundamental mesmo diante da tristeza e da destruição. Isso não significa que ele não se sinta triste às vezes ou que ele não cometa erros. Porém, ele tem a capacidade de voltar a acreditar em sua bondade fundamental e manifesta um raio de luz em meio à terrível escuridão.

Jeff não é nenhum mestre iluminado, mas é capaz de se conectar com uma característica do caminho do dragão – sua presença autêntica. Da mesma forma, não precisamos alcançar nenhum nível espiritual do despertar mais alto para entrar em contato com a nossa sabedoria e dividi-la com os demais. Podemos ser legítimos agora. Podemos ser autênticos agora.

Em geral, quando as pessoas ouvem ensinamentos sobre a presença autêntica, elas balançam a cabeça e dizem que tudo soa muito bem na teoria. Então, se perguntam: "Uma vez que você é autêntico, qual é o próximo passo?". Em outras palavras "Como ser autêntico pode significar algo prático no mundo atual, repleto de caos?".

Francamente, você deve permanecer com essa ideia e descobrir por si mesmo. Eu poderia dizer que ser autêntico faz uma grande diferença, mas o melhor é que você aplique esses ensinamentos e verificar se ocorre alguma diferença. Ser autêntico nesse sentido não significa apenas falar aquilo que se vê ou não contar mentiras. Trata-se de utilizar o seu coração como uma bússola moral, recorrer a ele e permitir que ele guie a sua atitude.

Quando você está claramente em sintonia com o que acontece no mundo, observando-o por meio da lente da *jnana*, saberá como agir. Você treinou para cultivar as suas opiniões durante a maior parte da sua vida e agora está comprometido com práticas que abrirão ainda mais o seu coração. Você não precisa de nada mais para ser uma criatura autêntica. Essas ferramentas são tudo o que você precisa para fazer bem ao mundo.

Se você levar uma vida guiada pela sabedoria e pela compaixão, naturalmente saberá como encarar até mesmo as situações difíceis da vida. Isso é conhecido no budismo como *upaya*. Traduzida do sânscrito, pode significar "meios hábeis ou vantajosos". É a ideia de que, se você está concentrado em sua autenticidade, sua mente e seu coração irão guiá-lo para as atitudes vantajosas de maneira muito natural.

A boa notícia é que, em qualquer ponto do caminho que você esteja, pode conectar a sua mente e o seu coração e ser genuinamente quem você é, assim como um adorável texugo. Além disso, você pode se sentir confiante ao expressar quem você é, independentemente de qualquer situação difícil que apareça à sua frente. Se, como o dragão, você for verdadeiramente autêntico, poderá dividir essa magia com os demais. A presença autêntica não é algo muito comum no mundo atual; logo, é mais valiosa do que qualquer joia rara. É disso que a sociedade precisa, porque um amigo autêntico é um amigo de verdade.

24. Transforme o simples em algo mágico

Há certo poder em cada momento – uma oportunidade para a felicidade, se você procura por ela. E é responsabilidade de cada um encontrar tais momentos e cultivá-los.

May Parker (a incrível tia do Homem-Aranha)

Quando eu era jovem, lia muitas revistas em quadrinhos. Em muitas dessas histórias, algo acontecia com algum personagem chamado João (uma pessoa comum, como eu e você) e, de repente: abracadabra! Ele recebia os superpoderes que sempre sonhou ter. Por vezes era uma força sobrenatural ou uma velocidade incrível, ou a habilidade de lançar raios laser pelos olhos. Às vezes, o personagem aceitava esses poderes e, em outras, desejava que nunca os tivesse recebido. Independentemente da magia que recaía sobre as personagens, eu sempre os invejava.

Com o passar dos anos, houve períodos da minha vida em que senti os meus próprios superpoderes. Depois de me tornar um praticante da meditação e aprender sobre a bondade fundamental, não consegui escalar paredes ou derrubá-las. Mas passei a experimentar a minha sabedoria de maneiras diferentes, de modo que ela se tornou superpoderosa para mim. Entrei em um processo de descoberta e experiência por meio dessa sabedoria, não muito diferente do que acontece com os meus admiráveis heróis uniformizados quando descobrem que têm superpoderes. Descobri que a minha sabedoria inata não era uma característica sobrenatural, mas, à medida que passei a relaxar diante da experiência com essa sabedoria, sentir o poder dos momentos diários tornou-se algo sobrenatural.

Em termos de "habilidades", descobri que eu estava em sintonia com o meu mundo de maneira hipervigilante; tornei-me mais aberto e carinhoso com as pessoas e mais capaz de enxergar a mágica e a beleza do mundo à minha volta. Entre os heróis da minha juventude e eu, a principal diferença era que nenhuma mudança externa ocorreu comigo. A minha sabedoria inata sempre esteve lá, mas era um aspecto mágico da minha existência no qual eu nunca havia prestado muita atenção. Sempre tive a capacidade de sentir a minha sabedoria, mas nunca havia concentrado a minha mente com tamanha intensidade para cultivar essa oportunidade. Uma vez que o fiz, tornei-me mais poderoso e radiante: eu era o Homem Bondade Fundamental.

Todos nós podemos ser o Homem Bondade Fundamental ou a Mulher Bondade Fundamental. Temos o potencial para libertar o nosso coração e a nossa mente e acessar esses aspectos puros da nossa existência. Qualquer pessoa no mundo tem a habilidade de ponderar as suas ações, conectar-se com o seu coração e ser mais flexível diante de qualquer situação que a vida lhe apresente. Você não precisa ser atacado por uma aranha radioativa ou por raios gama para fazer isso. É necessário apenas ser quem você é; uma pessoa completamente autêntica.

Essa experiência da sabedoria inata não é apenas uma condição psicológica que permite que você viva de maneira autêntica. É uma experiência de bondade em relação a si mesmo e ao mundo a seu redor. O dragão é considerado uma criatura encantadora especialmente por isso. Ele tem a habilidade de enxergar a bondade do mundo e dançar diante da magia do seu ambiente com naturalidade. Ele conhece as verdades expostas pela garuda: a vida é preciosa e curta, e, por isso, devemos aproveitá-la ao máximo. O dragão utiliza essa informação para procurar a magia à sua volta. Como consequência, ele tem uma experiência íntima e pura com o mundo.

Nós também podemos viver assim. Pense em um lugar muito bonito que você já visitou. Pode ser uma praia de areia macia, com uma linda vista para o mar de água cristalina ou uma cachoeira que você encontrou no meio de uma floresta. Mais especificamente, pense em um momento em que você relaxou e aproveitou a experiência da força dinâmica da natureza. Como você se sentiu naquele lugar?

Sempre achei que há algo mágico em lugares assim. São primitivos, livres do nosso lixo físico e mental. Em um lugar assim, há algo que paralisa o nosso pensamento. Você está impressionado por suas percepções, e esta sensação permite que você esteja verdadeiramente aberto e autêntico.

O dragão é resistente, porém tranquilo, e, por isso, pode enxergar a beleza em qualquer situação, não apenas nas belas paisagens. Seguir o caminho do dragão não consiste apenas em demonstrar a presença autêntica, mas sim em entrar em contato com a nossa própria natureza indestrutível, a nossa linda sabedoria, e vê-las refletidas no mundo à nossa volta.

O dragão vivencia a sua experiência com o mundo de forma sagrada. Ele literalmente enxerga o mundo de um ponto de vista sagrado. Até mesmo as percepções sensoriais são consideradas extraordinárias e mágicas. Como Chögyam Trungpa Rinpoche escreveu:

"Na tradição Shambhala, que é uma tradição muito mais secular que religiosa, as percepções sensoriais são consideradas sagradas. Elas são tidas como essencialmente boas; são um recurso da sabedoria."

Podemos utilizar nossas percepções sensoriais para vivenciar o mundo de maneira completa e intensa, da mesma maneira que o dragão. É possível enxergar a sabedoria no mundo à nossa volta.

Quando você está inteiramente presente em sua vida, é comum que pequenas coisas que você normalmente não veria comecem a se destacar. O mundo, da forma como se apresenta, torna-se absolutamente magnífico quando passamos a vê-lo com coração e mente abertos. Cresci em uma área rural e observava que, após uma tempestade de neve, o ambiente parecia puro e brilhante sob qualquer ponto de vista. Era como se o mundo estivesse coberto pela pureza e excentricidade do branco.

Atualmente, moro em Nova York. Antes de mudar para cá, um amigo meu descreveu o inverno daqui como um cinzeiro molhado. Passei os últimos anos nesta cidade e creio que essa comparação é bem apropriada. Logo depois que neva, as ruas ficam repletas de marcas de sapatos e totalmente cobertas pela neve. Então, a neve é coberta pela fuligem e pela sujeira. É difícil considerar o mundo como sagrado diante dessa visão enegrecida e molhada.

Porém, mesmo que você esteja caminhando com dificuldade pelas ruas cobertas de neve, com as meias ensopadas e atrasado para o trabalho, poderá encontrar beleza nesse ambiente se estiver aberto para vê-la. Você pode parar por um minuto, respirar fundo e permitir que as suas percepções sensoriais estejam abertas para a magia do presente. Pode ser uma música agradável que está tocando no táxi ao seu lado, ou um cachorro parado na janela de um apartamento esperando pelo seu dono. Quando você olha para o mundo de forma aberta, ele nunca o decepciona; sempre haverá uma oportunidade para experimentar a magnificência. Essa magia é muito simples e nos rodeia o tempo todo.

Na próxima vez em que você estiver a caminho de qualquer lugar, seja indo para o trabalho ou para encontrar um amigo, reserve um momento para observar. Esqueça que está com pressa e apenas permaneça no momento presente. Em vez de concentrar a sua atenção na respiração, como você faz na prática de meditação, concentre-se no ambiente à sua volta. Reflita: "Onde está a mágica e a beleza do momento?". Relaxe os sentidos e observe para onde os seus olhos serão atraídos.

Muito provavelmente, os seus olhos não serão atraídos para os seus pés, que é o lugar para onde você normalmente olha quando está com pressa. Possivelmente os seus olhos serão atraídos para cima. Você poderá enxergar um pássaro sobre o galho de uma árvore ou apreciar a arquitetura secular de algum edifício que você nunca havia notado. Reserve um momento para agradecer a magia do ambiente, da mesma maneira que você já deve ter feito quando estava em um lugar mais afastado ou em uma paisagem natural.

Recomendo que você pratique esse exercício uma vez por dia durante uma semana e note como a sua percepção em relação ao mundo muda. Raramente reservamos um tempo para apreciar o mundo dessa maneira primitiva e pura. Esse é um exercício que literalmente o afasta da sua rotina e o motiva a cultivar uma nova abordagem sobre como você leva a sua vida. É enxergar o seu dia a dia com um novo olhar. É aplicar a característica do dragão que enxerga com clareza. É transformar aquilo que é simples em algo mágico.

Há muitas histórias sobre como Chogyam Trungpa Rinpoche cultivou as novas representações dessa simples mágica. Uma das minhas favoritas envolve a produção de uma medalha que exibe as quatro dignidades da Shambhala.

Durante as viagens de Trungpa Rinpoche, as pessoas faziam oferendas a ele em troca dos seus ensinamentos. Algumas eram pequenas quantidades de ouro, como brincos ou anéis que as pessoas não utilizavam mais ou não queriam mais. Muitos de nós mantemos esse tipo de joia guardado e sabemos que elas não nos atraem mais; pode ser um anel ligeiramente riscado ou um brinco sem o seu par que deixamos sobre a gaveta apenas acumulando pó.

Trungpa Rinpoche cuidou das peças e, um dia, decidiu juntar o punhado de ouro que ganhou e derretê-lo. O ouro transformou-se em uma medalha conhecida como a Medalha das Quatro Dignidades, e possuía as imagens do tigre, do leão da neve, da garuda e do dragão gravadas de uma maneira muito bonita. Trungpa Rinpoche pegou as relíquias descartadas por outras pessoas e as transformou em algo extremamente encantador. As pessoas que tiveram contato com a medalha relataram que se sentiam hipnotizadas ao observá-la.

Da mesma forma, podemos tomar os aspectos difíceis da nossa vida e transformá-los em algo brilhante, mágico, hipnotizante. Isso não significa transformar limões em limonada. Nós já somos a limonada; somos essencialmente bons. Trata-se de mostrar que somos uma limonada autêntica, manifestando a sacralidade. É essa sacralidade que guia as nossas ações, tornando-as honrosas e prestativas para o mundo ao nosso redor. É perceber que a limonada já está presente em nosso mundo, mesmo quando todos a veem apenas como uma pilha de limões.

Se você viver com a mesma confiança que o dragão possui em sua sabedoria inata, sentirá os elementos sagrados da sua vida da mesma forma que ele. Se olhar para o mundo como um poço repleto de lodo, sujeira e maldade, verá a sua vida como uma guerra. A maioria das pessoas enxerga a vida assim, e talvez você também já a tenha visto desta forma. Porém, se você olhar para o mundo como um reino sagrado e repleto de possibilidades, terá uma vida repleta de oportunidades para a prática e a felicidade.

Como já falamos no início deste livro, intenção é algo importante. Se a nossa intenção é viver com base na confiança em nossa bondade fundamental, precisamos enxergá-la também em cada pessoa ao redor. Esta precisa ser a principal visão que devemos carregar conosco: todos são essencialmente bons. A partir desse ponto de vista, passamos a entender que o mundo à nossa volta é simples e ao mesmo tempo mágico. Se mantivermos a visão da bondade fundamental como o centro da nossa mandala, poderemos viver de maneira rica e intensa. Obviamente, a dor e a dúvida surgirão às vezes, mas o nosso coração aberto é capaz de lidar com elas. Dentro desse grandioso espaço, essas emoções fortes perdem o efeito gradativamente até se diluírem.

As pessoas à nossa volta são contagiadas por toda a bondade que irradiamos. Porém, quando demonstramos a presença autêntica, não atraímos apenas boas companhias; estamos atraindo também todos os aspectos sagrados do nosso mundo. Quando confiamos na bondade do nosso coração em tudo o que fazemos, o mundo naturalmente nos revela os seus aspectos mágicos.

O mundo não precisa ser modificado para se tornar sagrado; ele já é sagrado. Da mesma forma, todas as pessoas à nossa volta são sagradas e possuem a bondade fundamental. Às vezes, elas podem ser confusas, mas são essencialmente boas. Também não precisamos mudar nada nelas.

Há algo, porém, que podemos e devemos mudar: o nosso ponto de vista. Se você deseja levar uma vida com bondade e que esteja a favor dos demais, precisa manter a visão da confiança em sua própria bondade. É necessário fazer dessa crença o ponto de vista que guia a sua vida. A partir desse ponto, você pode aprender a enxergar a sacralidade nos demais e a mágica no mundo à sua volta. É possível começar a explorar a beleza dos aspectos do seu dia de uma maneira eficaz. Não é necessário fazer nada para sentir o mundo dessa forma: permita-se experimentar a sua própria sabedoria.

É necessária apenas uma mudança de visão: você se liberta da dúvida e da incerteza em relação à sua sabedoria e manifesta o seu brilho. Você deixa de ver o mundo como um problema e passa a enxergar a simples magia dele. Em outras palavras, você apenas precisa ser quem você já é e, assim, da mesma forma que o dragão, viverá em um mundo sagrado.

25. Relaxe diante da vida

O problema não é o prazer. O problema é o apego.

Tilope

Como parte do caminho *Vajrayana*, aprendemos a encarar tudo que surge à nossa frente como uma motivação para a nossa trajetória espiritual. Não estamos criando uma teoria sobre como aplicar os ensinamentos à vida, mas destacamos a necessidade de aderir a eles e cumpri-los. Quando somos capazes de permanecer confiantes e tranquilos, podemos apreciar os aspectos mais simples do nosso mundo e enxergá-los como sagrados.

Como já citado nos capítulos anteriores, não é a família, o trabalho ou a vida sexual que nos trazem os problemas. Os problemas vêm por conta do acúmulo de opiniões e do apego que colocamos em tudo isso. Estamos presos à nossa opinião sobre como as coisas deveriam ser. O nosso olhar está fixo em nossos próprios pés.

Devemos elevar o nosso olhar e direcionar a nossa atenção para o mundo à nossa volta. A partir disso, tudo o que vemos, ouvimos, cheiramos, degustamos ou tocamos pode ser considerado sagrado. Tudo que encontramos não é algo problemático desde que saibamos ponderar a nossa opinião sobre como as coisas deveriam ser e passemos a ver a vida como uma oportunidade para a prática da existência autêntica. Com esse pensamento, veremos como as qualidades do dragão orientam o trabalho, o lar, o dinheiro, o lazer, as falhas e a liderança compassiva.

Nosso trabalho

O guerreiro que incorpora as qualidades do dragão é capaz de ser forte e tranquilo ao mesmo tempo. Quando você está trabalhando com outras pessoas, pode utilizar a firmeza da terra bem como a visão ampla de uma mente espaçosa. Na prática, isso significa que, quando você está comprometido com um projeto em grupo, deve seguir uma abordagem de três passos.

Primeiro, afaste-se da situação por um momento. Não tire conclusões sobre como você acha que as coisas deveriam ser feitas. Inicialmente, apenas observe e ouça, de maneira autêntica e paciente. É sempre muito útil criar certo espaço e enxergar qual é a necessidade daquele projeto. Além disso, você passa a enxergar como as outras pessoas do grupo estão trabalhando e pode aprender muito sobre como elas acreditam que as coisas devem ser.

Assim, você pode partir para o próximo passo com um ponto de vista privilegiado. Após enxergar claramente a situação e ouvir o que os outros têm a dizer sobre ela, você pode transmitir a sua opinião sobre o que acredita ser a melhor decisão para aquele projeto. Haverá muito pouco do seu "eu" nessa sugestão, pois, ao conceder um pouco de espaço para que a solução surja, o seu plano estará de fato fundamentado no completo entendimento da situação.

O terceiro passo consiste em relaxar. Nesse processo, você permitiu que o espaço surgisse e, com isso, manifestou a sua bondade fundamental. Você também mostrou que é uma pessoa confiável, porque considerou a opinião das outras pessoas. Quando surgem críticas e planos alternativos, o seu ego não está diretamente preso ao seu plano. Assim, você pode relaxar e deixar as coisas fluírem.

Além disso, é possível adotar certo senso de humor e trazer alegria para uma situação aparentemente caótica. Muitas vezes, essa brecha pode ser trazer um pouco de ar fresco para as dinâmicas em grupo. A sua habilidade em manter determinada postura diante de um problema e permanecer aberto às opiniões dos outros será bem-vinda para mudar as normas da sociedade. Mesmo que você pense estar apenas tentando resolver um problema na escola ou no trabalho, está de fato transformando o ambiente à sua volta em um ambiente de presença autêntica e de profunda escuta.

Nossa casa

O dragão é capaz de ir a qualquer lugar e sentir a mágica da terra. Porém, a sua casa é o principal lugar onde a mágica aflora. Você pode se esforçar para estabelecer a harmonia em sua casa ao prestar atenção nos detalhes: como o espaço está organizado, com que frequência você faz a limpeza, onde pendura certas coisas e assim sucessivamente.

Quando você aplica a precisão do tigre à sua casa, está induzindo uma situação na qual a amplitude e a consciência irão aflorar. Contudo, o dragão não cria esse ambiente porque ele quer um ninho aconchegante para se esconder. Ele se compromete com o bem-estar dos outros. Isso significa que o dragão utiliza a sua casa como uma oportunidade para criar o despertar para si mesmo e para os outros. Quando os amigos e a família vão visitá-lo, eles se sentem alegres e satisfeitos por permanecerem ali.

Podemos utilizar esse mesmo exemplo em nossa casa para incentivar a consciência do despertar. É possível imaginar a nossa casa como um ambiente aconchegante e uma oportunidade para tornar o nosso mundo mais disponível para qualquer um que queira visitá-lo.

Como Chogyam Trungpa Rinpoche disse certa vez: "Quando você expressa a gentileza e a precisão em seu ambiente, a luz e o poder verdadeiros surgem para aquela situação". Você pode seguir o caminho do dragão e criar um lar que represente a expressão da luz e do poder. Essas qualidades não são baseadas no egocentrismo, mas são criadas a partir do ponto de vista da bondade fundamental.

Uma pessoa autêntica pode criar um ambiente autêntico de maneira que nos sintamos inspirados a permanecer nele. Esse ambiente manifesta dignidade e serve de apoio para o estado emocional das outras pessoas. Isto é aplicável não apenas à nossa casa, mas ao nosso ambiente de trabalho, ao nosso carro e a outros ambientes que frequentamos.

Nosso dinheiro

O dragão é audacioso, porém pondera a sua relação com o dinheiro e os bens materiais. Ele tem a convicção de que o dinheiro, bem como todas as outras coisas, não é tão concreto quanto imaginamos. Dessa maneira, ele é capaz de trazer alegria para a sua relação com o dinheiro. O dragão se relaciona com as questões financeiras de maneira deliberada e direta. Não está preocupado com a forma como o dinheiro afeta o mundo à sua volta, porque ele teve o tempo certo para observar a melhor maneira de utilizá-lo.

Você também pode ousar e trazer a alegria para a sua situação financeira. Assim como o dragão, você pode analisar cautelosamente como gostaria de tornar o seu dinheiro a arma de um guerreiro e utilizá-lo a favor de si mesmo e dos outros. Você não precisa ficar tenso a cada transação financeira; permaneça tranquilo e confiante de que os seus gastos estão diretamente relacionados a ações efetivas, e que você está verdadeiramente em contato com a sua bondade fundamental.

Se você estiver convicto em relação à sua bondade fundamental, poderá permitir que ela o oriente sobre como ganhar e gastar o dinheiro de maneira benéfica. Você pode permitir que o seu coração e a sua mente se unam e se expressem por meio da sua relação com o dinheiro. É possível ver as transações financeiras como mágicas, porque elas estão alinhadas com a sua bondade fundamental.

Ao se relacionar com um aspecto da sua vida que normalmente é repleto de confusão e dor, você demonstra a confiança autêntica. É um ato de coragem, digno de orgulho. Ao praticar essa ação, você inspira as outras pessoas a aperfeiçoarem a sua relação com o dinheiro.

Ao incorporar as características do dragão dessa maneira, as pessoas serão contagiadas por você. De maneira inexplicável, você traz a virtude para esse aspecto da sua vida e pode considerar que está atraindo a riqueza da mesma forma. Novas oportunidades surgem em seu caminho e você está com a mente ampla e suficientemente preparada para aproveitá-las. A relação direta e tranquila com o dinheiro permite que você beneficie os outros e mergulhe na verdadeira riqueza inerente a todos nós – a nossa bondade fundamental.

Nosso lazer

O dragão mantém a mente desperta mesmo quando está fora. Ele precisa manter a sua consciência para enxergar as situações com clareza, da maneira como elas são, e agir conforme a necessidade. Esse é o principal ingrediente da sua vida.

Você e eu precisamos sentir como isso funciona. Você é capaz de manter a amplitude da sua mente enquanto está dançando em uma festa? E depois de beber? Quem sabe enquanto fuma um cigarro? O dragão não estabelece opiniões como "bom" ou "ruim" para qualquer uma dessas atividades. Ao contrário, ele faz dessas atividades parte da sua prática. O dragão sabe que essa atividades influenciam o seu bem-estar e reage de acordo com elas. E apenas se envolve ao sentir que são relevantes para o seu principal objetivo: fazer o bem às outras pessoas.

Você pode fazer do seu sábado à noite uma oportunidade para o treino. Não é o momento para ficar embriagado e perder a cabeça. É o momento de se manifestar como um praticante da atenção plena e da compaixão. Este é o conceito da *tantra*, ou continuidade. Se você mantiver essa intenção continuamente, mesmo quando estiver se divertindo com os seus amigos, então começou bem.

Uma pequena parte da prática da *Vajrayana* consiste em olhar para as coisas que normalmente são consideradas prejudiciais para a sua consciência e enxergá-las como oportunidades para a prática. Bebidas alcoólicas podem ser vistas como *amrita*, uma palavra do sânscrito que faz referência a uma bebida sagrada. Na tradição católica, o vinho pode ser visto como uma bebida alcoólica ou, quando abençoado, como o sangue de Jesus Cristo. De maneira similar, *amrita* é a mistura que envolve água ou álcool e é ingerida como parte da ideia de que você pode transformar aspectos aparentemente negativos da sua vida em parte do seu caminho.

A respeito desse conceito, Chogyam Trungpa Rinpoche costumava ensinar aos seus alunos exercícios para "beber com consciência". Ele pedia que prestassem atenção às suas mentes quando saíssem para beber juntos. Cada um tomava uma dose de álcool e parava para observar como a bebida os influenciava. Em seguida, ingeriam mais uma dose. Às vezes, os alunos continuavam com a prática até que sentissem a força do seu ego e o aparecimento da dualidade: "eu" *versus* "o mundo". Alguns alunos vomitavam.

Um aluno de Chogyam Trungpa Rinpoche disse que eles eram incentivados a beber apenas o suficiente para relaxar, observar o seu estado e permitir que o seu ego se acalmasse. A ideia era observar como o álcool os afetava e como ele poderia relaxar a mente. Quando os alunos sentiam o relaxamento interior, eram instruídos a parar de beber.

Eu não recomendo que você fique bêbado e considere isso um aspecto de meditação. Porém, se você leva a sério os ensinamentos budistas, aplicando-os a todos os campos da sua vida e, ocasionalmente, bebe uma cerveja, não precisa necessariamente separar essas duas coisas. É possível utilizar a sua consciência panorâmica nessa simples experiência. Você pode observar como beber uma cerveja influencia a sua mente.

A questão aqui é: quando você sair no sábado à noite pra se divertir, beber, fazer sexo ou qualquer outra coisa, faça com a intenção em que você acredita. Se a sua principal motivação nesse momento for despertar para o mundo à sua volta e agir de maneira tão habilidosa quanto o dragão agiria, então siga firme independentemente do que esteja fazendo.

Nossos erros

Há pelo menos uma coisa em comum entre você e os grandes praticantes de meditação que começaram antes de você, desde a época de Buda: o fato de terem cometido erros. Buda passou por um período de muita fome e autoflagelação em nome da espiritualidade e Milarepa matou dúzias de pessoas. À luz destas grandes questões criadas por esses mestres, agir como um estúpido diante do término de uma relação ou ter um ataque de raiva com o seu companheiro não parece algo tão ruim assim.

O dragão reconhece que nem tudo está certo no mundo, mas, ainda assim, enxerga a mágica que o rodeia. Podemos seguir o seu exemplo e não sermos tão rígidos conosco diante dos nossos erros ou quando não praticamos a meditação com perfeição. Aprendemos com os nossos erros, da mesma maneira que os mestres da meditação do passado aprenderam. Podemos praticar a Milarepa. Quando cometemos um erro, devemos reconhecer, nos acalmar um pouco e nos reconectar com o mundo da maneira como ele é – mágico e sagrado.

O primeiro passo é perdoar a si mesmo. Ao saber que todos cometem erros, podemos nos alegrar diante do fato de que não estamos sozinhos. Explore os sentimentos que estão relacionados aos erros do passado, bem como as circunstâncias que o levaram a cometê-los, e aprenda por meio desse processo. Dessa maneira, você será capaz de não seguir o mesmo caminho que seguiu no passado.

Se há pessoas que você prejudicou de alguma forma, você deve tentar se reconciliar com elas – seja conversando diretamente ou agindo em favor de outras pessoas que estão passando por situação semelhante à delas. A partir disso, a única coisa que resta a fazer é deixar o seu erro no passado e seguir adiante na sua vida.

Podemos levar uma vida inteira pensando em todas as vezes que agimos como idiotas. Para mim, isso soa como perda de tempo. Em vez disso, devemos seguir adiante como o dragão, reconhecendo o que passou e caminhar em frente com o que acontece no agora. O agora não é um erro. O agora é um momento mágico. Permita-se a oportunidade de experimentar a mágica de perdoar a si mesmo pelos erros do passado e entre em contato com o que está acontecendo neste exato momento.

A liderança compassiva

O dragão é um líder nato. Como ele é autêntico, as pessoas confiam na sua habilidade de liderança e são contagiadas por ele por conta da sua demonstração de alegria, sabedoria e confiança.

O curioso é que o dragão não se propôs a ser um líder. Ele apenas desejava ser equilibrado, simples e uma boa criatura. Da mesma forma, você deve ter começado o caminho da meditação com o objetivo de unir as suas ações. Você desejava ser mais calmo e estar mais presente na sua vida. Ao estudar as qualidades do tigre, você aprendeu como permanecer presente na realidade do momento. Podemos aprender muito com o que está acontecendo agora. É possível sermos gentis, precisos e conscientes diante de qualquer situação.

Após cultivar essas qualidades por algum tempo, o seu coração anseia por mais. Você vê o sofrimento pelo qual passou refletido na vida das outras pessoas. Você sente ternura por essas pessoas e se abre para a *bodhichitta*. Esse é o caminho do leão da neve: manter o contato com as outras pessoas como parte da sua trajetória espiritual. Passamos a enxergar o sofrimento dos nossos colegas de trabalho, das pessoas da família, dos desconhecidos que vemos no metrô, e queremos ajudá-los. Começamos a manifestar a compaixão por essas pessoas e aplicamos as seis *paramitas* como ferramentas para ajudá-las.

Em certo momento, você percebe que a sua compaixão vai muito além das suas preferências ou da sua opinião de quem você gosta e de como as coisas deveriam ser. Você enxerga a verdade simples da realidade – a de que as coisas são impermanentes e que elas estão sujeitas à mudança e ao fim. Em vez de reagir com medo diante dessa compreensão, você encara este sentimento de impermanência de maneira direta e passa a enxergar que os limites e as ideias fixas que construiu em relação ao mundo não são tão concretas como a princípio acreditou. Você permite que as barreiras em torno do seu coração sejam dissolvidas e oferece o seu amor sem nenhuma discriminação. A partir disso, passa a sentir a equanimidade.

Agora, você pode relaxar diante desse espaço de equanimidade. Você cultivou a alegria em sua vida diária, a satisfação ao ajudar as outras pessoas e a compressão da natureza da própria realidade. Aplicamos à nossa vida as qualidades das quatro dignidades de maneira real e direta. Os ensinamentos não são mais teóricos, mas estão fundamentados na relação íntima com a sua bondade fundamental. Você desenvolveu a confiança em sua sabedoria inata e agora permite que ela brilhe e toque as outras pessoas.

Você demonstra alegria e humor, mesmo diante dos obstáculos. Enxerga todas as situações como oportunidades para a prática dos ensinamentos. Nao estamos falando de filosofia; estamos falando de aplicar o entendimento da sua própria bondade fundamental. É manifestar a presença autêntica aonde quer que vá. É ver o mundo como algo sagrado e apreciar a mágica dos momentos simples.

Você já é um mestre guerreiro; você já tem o dragão. É possível perceber isso quando fazemos um contato íntimo com a nossa bondade fundamental. Você possui as qualidades das quatro dignidades dentro de você e elas estão esperando que você desperte da sua confusão e se manifeste como o verdadeiro guerreiro de coração de ouro.

Você é o líder que este mundo precisa. Se a sua principal intenção é permanecer presente em seu mundo, ser compassivo com os outros e ser a força positiva de mudança no mundo, não há nada que o impeça. Não há mais ninguém, além de você mesmo, capaz de organizar a sua vida e fazê-lo feliz. Não há mais ninguém capaz de realizar a verdadeira transformação em sua vizinhança como você é capaz de fazer. Não há mais ninguém que ofereça o coração ao mundo e sinta as qualidades sagradas presentes nele. Você pode fazer a diferença neste mundo, desde que confie na sua capacidade inata de amar.

Para saber mais

Leituras complementares

Chödrön, Pema. *Comfortable with Uncertainty: 108 Teachings on Cultivating Fearlessness and Compassion.* Boston: Shambhala Publications, 2002.

Mipham, Sakyong: *Governe seu mundo: estratégias antigas para a vida moderna.* São Paulo: Martins Fontes, 2008.

______. *Turning the Mind Into an Ally.* New York: Riverhead Books, 2003.

Mollod, Phineas, e Tesauro, Jason. *The Modern Gentleman: A Guide to Essential Manners, Savvy, and Vice.* Berkeley: Ten Speed Press, 2002.

Nichterm, Ethan. *Once City: A Declaration of Interdependence.* Somerville: Wisdom Publications, 2007.

Thogme, Ngulchu. *The 37 Practices of a Bodhisattva.* San Francisco: The Marpa Foundation, 1994.

Trungpa, Chögyam. Shambhala: *The Sacred Path of the Warrior.* Boston: Shambhala Publications, 1984.

Programas de meditação

O Caminho de Shambhala é um treinamento completo das quatro dignidades da Shambhala e de como elas se associam as três yanas (ou veículos) do budismo tibetano. É uma combinação de retiros curtos (Níveis de Treinamento da Shambhala) e de aulas semanais. Muito mais que recomendado!

O Caminho de Shambhala é oferecido em Centros de Meditação Shambhala por todo o mundo.

Sites

www.shambhala.org
www.lodrorinzler.com